BY
YAMAZAKI RYO

コミュニティデザインの源流

引路者

山崎亮——著
詹慕如——譯

FACES
PUBLICATIONS

導引山崎亮
走上社區設計的大師們，
探究英國社區設計如何發跡，
重新回復工業社會
所剝奪的人性與尊嚴

イギリス篇

國家圖書館出版品預行編目(CIP)資料

引路者：導引山崎亮走上社區設計的大師們，探究英國社區設計如何發跡，重新回復工業社會所剝奪的人性與尊嚴 / 山崎亮著，詹慕如譯. -- 初版. -- 臺北市：臉譜，城邦文化出版：家庭傳媒城邦分公司發行, 2019.04
面；　公分. -- (臉譜書房FS0100)
譯自：コミュニティデザインの源流.イギリス篇
ISBN 978-986-235-738-5（平裝）
1.社區營造　2.英國
545.0941　　108002947

臉譜書房 FS0100

引路者

導引山崎亮走上社區設計的大師們，探究英國社區設計如何發跡，重新回復工業社會所剝奪的人性與尊嚴

コミュニティデザインの源流 イギリス篇

作者｜山崎亮
譯者｜詹慕如
編輯總監｜劉麗真
責任編輯｜許舒涵
行銷企畫｜陳彩玉、陳紫晴、林子晴
封面設計｜蔡佳豪
內頁排版｜極翔企業有限公司

發行人｜涂玉雲
總經理｜陳逸瑛
出　版｜臉譜出版
城邦文化事業股份有限公司
地址：10483台北市民生東路二段141號5樓
電話：(02) 886-2-25007696
傳真：(02) 886-2-25001952
發　行｜英屬蓋曼群島商家庭傳媒股份有限公司
城邦分公司
地址：10483台北市民生東路二段141號11樓
網址：http://www.cite.com.tw
客服專線：(02) 2500-7718 ｜ 2500-7719
24小時傳真專線：(02) 2500-1990 ｜ 2500-1991
服務時間：週一至週五09:30-12:00 ｜ 13:30-17:00
劃撥帳號：19863813　　戶名：書虫股份有限公司
讀者服務信箱：service@readingclub.com.tw
香港發行所｜城邦（香港）出版集團有限公司
地址：香港灣仔駱克道193號東超商業中心1樓
電話：+852-2508-6231
傳真：+852-2578-9337
馬新發行所｜城邦（馬新）出版集團
【Cite (M) Sdn. Bhd. 】
地址：41-3, Jalan Radin Anum, Bandar Baru Sri Petaling, 57000 Kuala Lumpur, Malaysia.
電話：(603) 90563833
傳真：(603) 90576622
讀者服務信箱：services@cite.my
初版一刷｜ 2019年4月
ISBN 978-986-235-738-5
定價｜ 460元

目次

第二章　大師兄　威廉・莫里斯　41

〔專欄2〕艾斯比致力於融合　72

第三章　使徒　阿諾爾得・湯恩比　81

第四章

師姐　奧克塔維婭·希爾　109

第七章

賢者　湯瑪斯．卡萊爾　211

本書人物關係圖

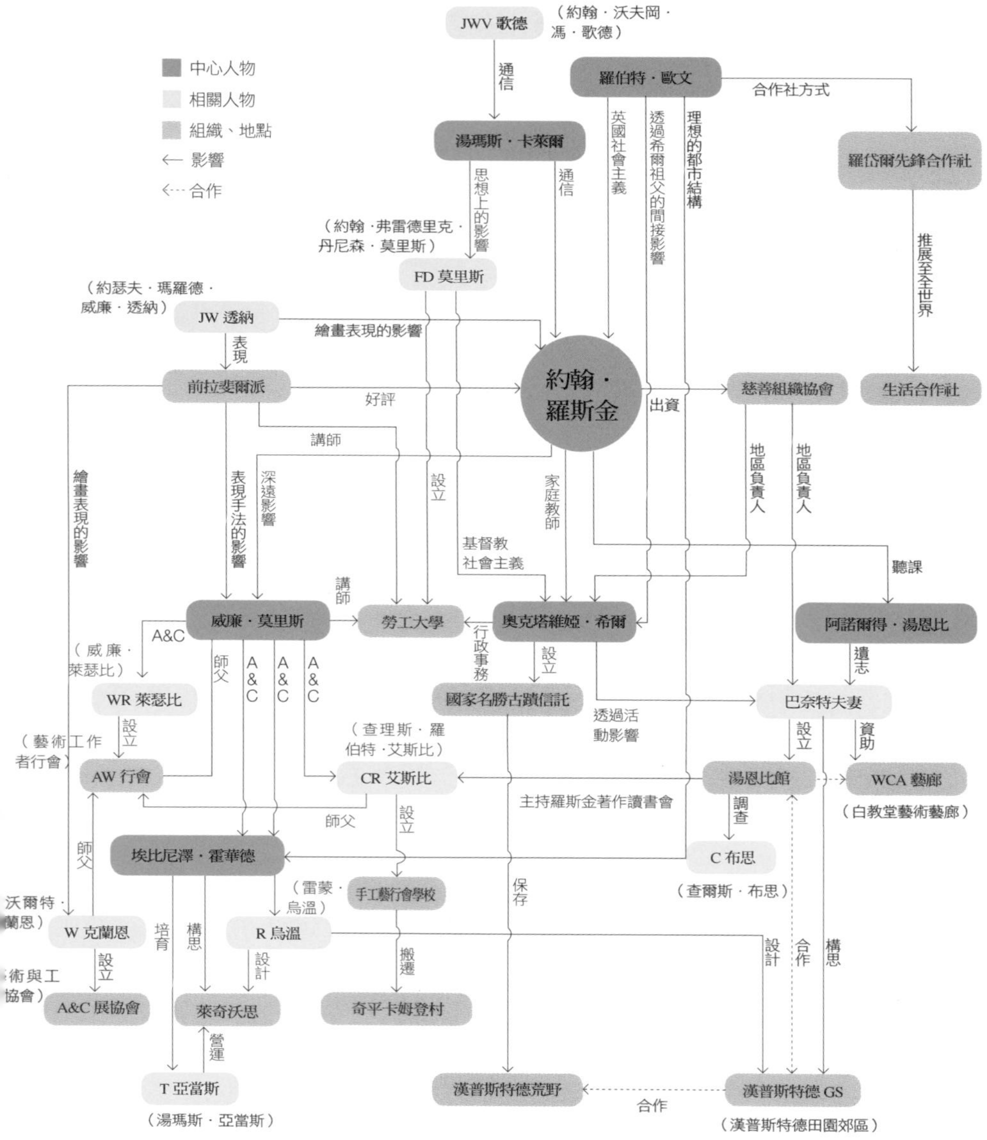
中心人物
相關人物
組織、地點
影響
合作
JWV 歌德
（約翰・沃夫岡・馮・歌德）
通信
羅伯特・歐文
合作社方式
湯瑪斯・卡萊爾
英國社會主義
透過希爾祖父的間接影響
理想的都市結構
羅岱爾先鋒合作社
思想上的影響
通信
推展至全世界
（約翰・弗雷德里克・丹尼森・莫里斯）
FD 莫里斯
（約瑟夫・瑪羅德・威廉・透納）
JW 透納
繪畫表現的影響
表現
約翰・羅斯金
前拉斐爾派
好評
出資
慈善組織協會
生活合作社
講師
繪畫表現的影響
表現手法的影響
深遠影響
設立
家庭教師
地區負責人
地區負責人
基督教社會主義
聽課
講師
威廉・莫里斯
勞工大學
奧克塔維婭・希爾
阿諾爾得・湯恩比
A&C
（威廉・萊瑟比）
師父
A&C
A&C
A&C
行政事務
設立
遺志
WR 萊瑟比
國家名勝古蹟信託
透過活動影響
巴奈特夫妻
（查理斯・羅伯特・艾斯比）
設立
資助
（藝術工作者行會）
設立
AW 行會
CR 艾斯比
湯恩比館
WCA 藝廊
（白教堂藝術藝廊）
主持羅斯金著作讀書會
師父
設立
調查
埃比尼澤・霍華德
C 布思
師父
（查爾斯・布思）
（雷蒙・烏溫）
手工藝行會學校
保存
沃爾特・克蘭恩）
W 克蘭恩
培育
構思
R 烏溫
設計
合作
構思
設立
設計
搬遷
藝術與工藝協會）
A&C 展協會
萊奇沃思
奇平卡姆登村
營運
T 亞當斯
漢普斯特德荒野
合作
漢普斯特德 GS
（湯瑪斯・亞當斯）
（漢普斯特德田園郊區）

第一章

師父　約翰・羅斯金

1819-1900。前半生為著名藝評家，後半生為活躍的社會改革者。對許多設計師和社工影響甚巨。照片為艾略特與弗萊攝影工作室[1]所攝，時年五十歲的羅斯金。

John Ruskin

社區設計與羅斯金

我將自己的工作稱為「社區設計」。直到現在，我還無法判斷這樣的稱呼是否正確，假如有人問起頭銜，我會回答自己是社區設計師，協助地區居民共同認識當地的問題，並且同心協力解決問題。簡而言之，這就是我工作的內容。

「這種事老早就有人做了。」確實沒錯。從前人們便懂得發現、共享自己居住地區的問題，聚集討論該如何因應。不僅討論，甚至會付諸行動、執行解決方法。有時能順利解決、有時或許不行。這段過程想必會遇到一連串的嘗試與錯誤。但是透過這種過程，地方上的社群將會更有向心力，當地區居民又發現新問題，就能凝聚力量、共同解決。

然而近年來情況卻有些不同。特別是在都會區，這種能同心協力解決問題的社區幾乎不可能存在。有些人住在租賃住宅，因為隨時有可能搬家，所以不太跟左鄰右舍往來；也有人住在公寓裡，並沒有加入地區自治會；很多人甚至不認識鄰居。當然，能跟地方上居民共享課題、一同行動解決的人也愈來愈少。

「我每天到市中心上班，待在住處所在地區的時間很少。」「反正馬上就要搬家。」「牽扯到社區的事好麻煩。」各式各樣的理由都有，結果導致有些人在地方上的社區幾乎沒有熟人，或者災害時不容易互助合作，淪於孤獨死的人也日益增加。因為沒有能商量煩惱的對象，也很可能陷入憂鬱而自殺。

這個世界確實愈來愈方便，大家也都說「日本人的生活相當富足」。不過另一方面我們也不禁產生疑問，能夠擁有許多物品或者金錢，難道就是真正的富足嗎？再者，人際關係的斷裂對生命帶來的威脅也逐漸顯著。針對「在這個時代裡我們該做些什麼？」思考的結果，我決定創立一間社區設計事務所，創造人和人之間連結的機會，並且讓這些連結起來的人帶給地區活力。這就是我的公司 studio-L。

這是一間很奇妙的公司。畢竟主要工作是「創造人和人之間的連結」。要由誰來委任？如何獲得報酬？其中有許多不容易釐清的部分。一有機會我總會盡力說明，但還是很難讓大家理解。每次解釋的時候我自己也心想，如果我是提問人，或許也不容易理解這些內容，難怪我始終無法提供給提問者滿意的回答。

於是這次我打算換個方法。我想試著寫寫影響我從事這份工作的思想和人物。回顧過去，在我走上社區設計這條路前讀過的書當中，留下深刻印象的幾乎都是一九〇〇年前後的著作。儘管已經是百年以前的內容，但是愈讀愈讓我覺得，其實當時跟現代的煩惱很相似。十九世紀末期面臨工業革命和勞動近代化浪潮，二十一世紀初期則有資本主義社會中的人類明顯疏離，以及資本主義日趨先進、巧妙的發展，網際網路帶來資訊交換腳步加快等問題，兩個時代的煩惱其實極為近似。

在那個時代中苦思煩惱、進而採取實際行動的人，他們的人生給了我很大的勇氣。其中英國藝術評論家、同時也是社會改革者約翰・羅斯金的思想，可說是我開始從事社區設計工作的起因

---

1 譯者注：Elliott & Fry。由 Joseph John Elliott 和 Clarence Edmund Fry 於一八六三年成立的攝影工作室。拍攝、出版過許多維多利亞時代的各界公眾人物。

之一，也對studio-L的工作方式帶來莫大影響。本章將簡述羅斯金的生涯，梳理出各個年代的他對我所造成的影響。

運用人物或物品之既有價值的藝術

羅斯金生於一八一九年、歿於一九〇〇年。一般論及羅斯金的生涯時，我們會區分為幾個不同階段。一八六〇年尤其是重要的一年，在這之前他是活躍的藝術評論家，在此以後他是積極的社會改革者。以下我們將用一八六〇年為界，以這一年之前與之後的主要著作來區分階段，整理羅斯金的思想和他對社區設計的觀點。

羅斯金年輕時很喜愛畫家透納[2]的畫作，對其給予極高的好評。然而他也知道透納的畫作遭到雜誌嚴厲批評，年僅十七歲的他開始撰寫報導反擊。在父母親的支持下，他欣賞了許多透納的畫作，為文稱頌透納毫不減損自然原有價值的繪畫表現方法。

他不欣賞將自然擬人化、藉此賦予鑑賞者特別情感的表現手法，反之，他大加讚賞透納正確表現自然之美的方式（圖1）。由此可以看出，羅斯金內心對於不減損自然既有價值的表現手法的肯定，已悄悄萌芽。

在這之後羅斯金依然秉持這樣的理念，認為減損自然或者資源既有價值的工作是種浪費，他也批判或許能帶來利益、但卻減少了自然原本具備之價值的開發方式。同樣地，他大肆批判無法讓個人發揮價值的工作方式。

這可說是一種類似「惜物」的概念。這裡的「物」指的可以是事物或人物，徹底運用一個東西所具備的價值，這就是所謂的「惜物」，一種重視如何活用物件的概念。如同後述，我所參與的社區設計其實正是活化地區中各種「物」的工作，同時也是一種思考活化地區應該連結什麼樣的人、應該連接人與何種地區資源的工作。所以我們必須熟知地方上的各種資源，了解其價值，才能連接起「人與人」、「人與物」。正因為如此，身為外來者的我們得專心傾聽地區居民的心聲，聚集民眾一起討論，並且請當地人告訴我們只有他們才了解的既有價值。

2 譯者注：Joseph Mallord William Turner，一七七五－一八五一，英國浪漫主義風景畫家。作品對後期的印象派繪畫發展有極大影響。

3 譯者注：*England: Richmond Hill, on the Prince Regent's Birthday*。

圖1－透納所畫的〈英格蘭：里奇蒙山，親王的生日〉3。這是一幅寬三公尺以上的大作，描繪著泰晤士河谷的田園風景。這幅作品在羅斯金出生的一八一九年，於皇家藝術學院展覽中展出。羅斯金認為透納畫作正確地表現了自然，給予極高評價。

發現創作中的喜悅

羅斯金從十七歲開始撰寫的支持透納藝術論，在六年後集結成冊，出版了《現代畫家》[4]第一卷。這一年他二十三歲。在第二卷出版之後，除了畫家，他也開始對建築師的工作感興趣，陸續寫了《建築的七盞明燈》[5]和《威尼斯之石》[6]這兩本書，之後他又完成了《現代畫家》第三卷到第五卷。寫完建築相關書籍後，這三卷的範疇已經超越藝術批評，論及人的生活方式和社會樣態。

這種變化或許是受到前述《建築的七盞明燈》和《威尼斯之石》這兩本與建築相關著作的影響，羅斯金在這兩本書中不僅討論建築外觀上的美，也試圖觀察建築的建造過程，以及負責建造的勞工有何種心情。在這當中可以窺見羅斯金思想的有趣變化。讓我們再進一步觀察。

《建築的七盞明燈》於一八四九年發行，當

圖2—《建築的七盞明燈》所刊載的插畫「盧卡的聖彌額爾教堂正面局部」。一八四九年由史密斯埃爾德出版公司[7]出版的初版插畫是羅斯金親自雕刻。一八八〇年再版時的插畫由雕刻師卡夫複製，圖版左下除了羅斯金的縮寫之外，右下也有卡夫的名字。

時羅斯金三十歲。他將秉持明確概念而蓋的「建築」和單純的「建物」分而論之，並且以「建築」作為觀察對象。仔細觀察過去的「建築」可以發現，工匠無不滿懷喜悅在從事建築工作，同時也能知道，人類在生活中除了填飽肚子的麵包，也需要藝術（圖2）。

在這本書之後，他又花了兩年時間執筆，進一步闡述他對建築發展背景的觀察，寫就《威尼斯之石》一書（圖3）。這本書影響了許多設計師，尤其是藝術與工藝運動的旗手威廉・莫里斯[8]，受到本書極大啟發。《威尼斯之石》出版約三十年後，莫里斯受到在牛津大學任教的羅斯金之邀前去

4 譯者注：*Modern Painters*。
5 譯者注：*The Seven Lamps of Architecture*。
6 譯者注：*The Stones of Venice*。
7 譯者注：Smith & Elder。
8 譯者注：William Morris，家具、圖紋設計者兼畫家、小說家、詩人，同時也是英國社會主義運動的早期發起者之一。

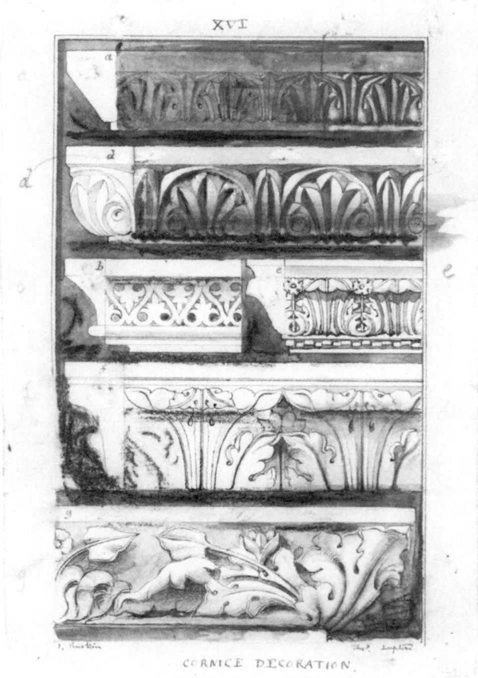

圖3—《威尼斯之石》中刊載的插畫「飛簷裝飾」。羅斯金素描了好幾種飛簷（建築物上方水平部分）裝飾。這個時期的羅斯金除了飛簷，也開始注意到窗框和柱頭的裝飾，遙想製造這些東西的時代背景。

演講時，曾經問學生：「羅斯金教授曾經說過，藝術是人類在勞動中喜悅的表現。假如能夠在勞動中發現喜悅，那麼忍受沒有喜悅的勞動是不是不太對勁？假如現在許多人都被迫從事沒有喜悅的勞動，那是不是表示我們活在一個錯誤的社會中？」

又過了十年，莫里斯自己成立的出版社摘錄了《威尼斯之石》第二卷第六章〈哥德式的本質〉[9]重新上市，並且附上如下的序文（圖4）。「本書為我們提示了今後的世界該前進的方向。書中指出，藝術可以表現人在勞動中的快樂，同時，人類也因此得以從勞動中發現喜悅。」序文接下去又寫道：「最先提出人可以在勞動中獲得喜悅的並不是羅斯金。羅伯特・歐文[11]曾經提出：合作和善意讓勞動不再辛苦；夏爾・傅立葉[12]也主張過，必須提高勤勞欲望和有合理分配。這些均可說是企圖不將勞動視為一種痛苦的想法。但是羅斯金卻不同。他點出在工作中發現藝術性喜悅的重要性，並且將其擴及到社會和政治上。這是一

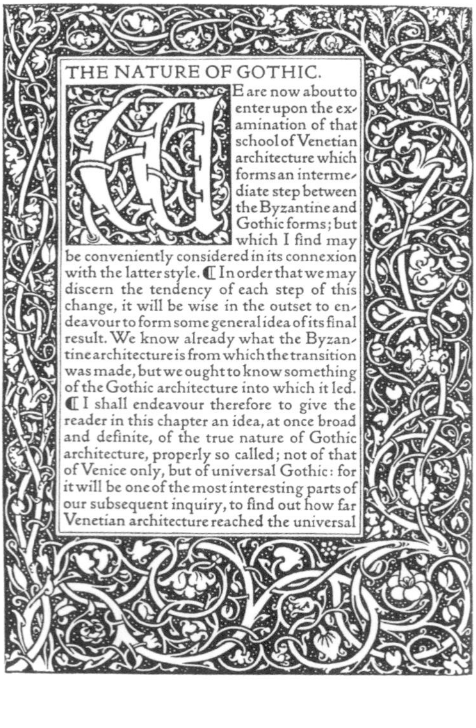

THE NATURE OF GOTHIC.

WE are now about to enter upon the examination of that school of Venetian architecture which forms an intermediate step between the Byzantine and Gothic forms; but which I find may be conveniently considered in its connexion with the latter style. ¶ In order that we may discern the tendency of each step of this change, it will be wise in the outset to endeavour to form some general idea of its final result. We know already what the Byzantine architecture is from which the transition was made, but we ought to know something of the Gothic architecture into which it led. ¶ I shall endeavour therefore to give the reader in this chapter an idea, at once broad and definite, of the true nature of Gothic architecture, properly so called; not of that of Venice only, but of universal Gothic: for it will be one of the most interesting parts of our subsequent inquiry, to find out how far Venetian architecture reached the universal

圖4—由威廉・莫里斯所設立的柯姆史考特出版社[10]於一八九二年出版的《哥德式的本質》開頭頁面。頁面配置和留白處的圖案相當特別。莫里斯在本書的序文中論及勞動和政治的關係。

種全新觀點。」以往的思想家都著眼於如何減少勞動的痛苦，但羅斯金卻試圖打造出一個能讓勞動變得愉快的社會。這確實是種嶄新想法。

身為一個曾經在建築設計事務所工作的人，我相當贊同羅斯金的想法。很多朋友經常問我：「薪水這麼低你為什麼還願意這麼拚命？」確實，建築設計事務所的薪水並不高。儘管如此，我還是從早到晚、有時甚至從早到早埋頭畫圖、做模型。如果要問我為什麼能這麼努力，我大概會回答，因為設計的各個細節都得具備藝術性的表現，思考要以何種形態呈現的過程讓我覺得非常有意思。歷經嘗試和錯誤，最後望著終於完成的空間，又是一種難以言喻的極致喜悅，就算被人說是自我滿足也無所謂。像這類工作，就結果來說即使工作時間長、月薪低，也都是能樂在其中的工作。實際上因為一直在工作根本沒時間花錢。所以我從來不曾因為薪水低而覺得難熬。

這是我從事建築設計的個人經驗。但羅斯金卻是從仔細觀察哥德式建築，而看透了從事「創作」的工作者的心境。以下讓我們詳細來看看羅斯金在「哥德式的本質」中所闡述的內容。

愉快的工作集合體儘管狂放粗糙，依然能量充沛

羅斯金認為，老建築處處都能看到建造當下的勞工價值觀，所以只要了解建築的語言就能了

9 譯者注："TheNatureof Gothic"。
10 譯者注：Kelmscott Press。
11 譯者注：Robert Owen，英國社會改革者、企業家。主張人類的活動取決於環境，打下現今工會組織的基礎。
12 譯者注：Francois Marie Charles Fourier，一七七二－一八三七，法國哲學家、倫理學家、社會思想家。烏托邦社會主義旗手。

解過去。也因此，他主張不應單純視建築為藝術作品，從建築中解讀建造當時工匠、石匠、畫家的思考或情感，其中能獲得的意義更重大。

而羅斯金選擇解讀的對象為哥德式建築。哥德式建築這個稱呼在譯文中並不容易說明。應該可說是指「狂放大膽的建築」吧。從前哥德族人的個性比羅馬人更狂放，所以具有哥德風格大膽豪邁的東西，開始被稱為哥德式，哥德式建築並非由哥德族所建造的建築。羅斯金也說「只是將帶有狂放印象的建築稱為哥德而已」。

在此前提下，羅斯金特別注意哥德式建築的細節。觀察古哥德大教堂的細節可以發現，包覆在教堂外的動物雕刻每個形狀都有些奇怪。有許多不僅奇形怪狀，在生物學眼光看來也不太合理。但羅斯金說，這並不是鬧著玩。這些雕刻正是每位工匠自由發揮想像、享受雕刻的最好證據。打造哥德式建築的中世紀工匠在歷經數次嘗試與錯誤後，才得以將其自由的發想運用在雕刻

圖5—一八四八年旅遊法國時畫的「阿布維爾之聖沃爾夫勒姆教會西南側門廊」。由此可知這個時期羅斯金已經注意到建築上的細緻裝飾。

中。羅斯金特別注意到，當時的社會認可這樣的工作方式，同時，聚集大量此類作品後，雖然風格大膽狂放，同時卻也能散發出莊嚴的氣息（圖5）。

羅斯金持續觀察建築的裝飾，發現裝飾可以分為三種。第一種是隸屬性裝飾，工匠的技能不如師父，只能依照指示製作。第二種是遵守規範型的裝飾，工匠承認技不如人，將師父的裝飾視為範本，自由發揮。第三種是革命性裝飾，工匠不承認自己手藝不如人，進而擅自表現的部分。羅斯金又指出，哥德式建築中常見的裝飾特徵就是上述第二種「遵守規範型的裝飾」，在遵守某些規範的前提下，又認同某種程度的自由表現。

羅斯金如此描述該時代的精神：「辦得到就竭盡所能、辦不到就老實承認。不要因為羞於承認，假裝自己辦得到。」他認為像這樣匯集每個人各自辦得到的部件後，建構起狂放的整體，正是哥德式的本質。

這種觀點在社區設計現場也非常重要。進行社區設計時必須聚集地區上的人一起開會。其中有熟悉討論方式的人，也有不熟悉的人；有發言時願意肯定其他意見的人，也有人不斷否定。我們的工作就是打造一個讓這些人都能自由自在、盡情對話的環境。因為在這樣的狀況中有時會激發出很有趣的點子（圖6、7）。

來到實行階段也一樣。在會議上討論、確定了執行內容後，將會各自開始負責擅長的部分、推動專案。專案進行時必須讓「辦得到」的人負責自己擅長的事。活動的目的無非是希望地方變得更好，因此必須集結住在當地的人各種不同的能力，形成狂放卻愉快的專案——確實是種哥德式的專案做法（圖8、9）。

圖8	圖6
圖9	圖7

圖6－在愛知縣長久手市進行的工作坊「新生未來實驗室（なでラボ）」。由上過社區設計研習課的長久手市公所職員負責主持工作坊。討論時大家會遵循「不批評別人意見」、「把話聽完」、「所有人都發言」等簡單規則。

圖7－東京都立川市「兒童未來中心」舉辦的工作坊。詢問各團體對該中心所實施的市民活動之期望、進行整理。中心有三位常駐的社區設計師。

圖8－大阪府營泉佐野丘陵綠地的「公園戰隊（パークレンジャー）」活動。上過打造公園研習課的市民，在園內各處打造園景。有擅長土木工程、擅長種菜、擅長賞鳥的人等，結合各種人的特長，一起規畫公園。

圖9－由宮崎縣延岡市市民參加、推動的「延岡遊牧族（ノベオカノマド）」活動。在延岡車站周邊進行許多市民活動，希望由市民親手打造出「去了就能見到熟識面孔」的街區環境。

在這裡必須注意的問題是，到底要以專案成功為優先，還是專案執行地區的居民滿意度為優先？身為設計師，由我們來製作海報傳單、設計會場，當然可以把整個案子呈現得美輪美奐。但是這麼一來地區居民就淪為單純協助的角色。與其如此，就算可能減損整個專案的精緻度，還是應該以地區居民為主體來推動，才能共享連接到下一步的過程，更重要的是，執行者本人可以體驗到嘗試與錯誤的樂趣。社區設計現場也跟哥德式建築一樣，以能集結地區居民自由創意、打造出狂放豐富的專案為目標。

正因為哥德式的狂放不羈，才能確保創作者的自由。這些出於自由的創意，提高了建築的價值。羅斯金說：「建築若非不完全，將無法成為真正高貴的東西。」究竟是該打造一個限制勞動者創意的完美建築？還是確保勞動者的自由度、建造不完全的建築呢？羅斯金認為，後者才是高貴的建築。

這些言論的背景，是工業革命後的社會中出現的非人性工廠勞動。羅斯金認為，工業產品中感覺不到創作者的自由度是一大問題，他覺得創作者假如有足夠的自由度，產品就能夠擁有不完全的力量，剝奪了創作者自由的產品或許可以提高完成度，但這樣的作品他認為沒有力量。確實，現在有許多堪用的產品在市面上大量流

圖10—studio-L的成員。以前大家各自從事建築、景觀、土木、都市計畫、IT工程師、業務、影像、編輯、企畫等工作，帶著豐富多樣的經驗改寫了社區設計的規範。管理組織時最重要的就是在「遵守規範」和「自由裁量」之間取得巧妙的平衡。

通，但多半都無法打動人。這些東西大部分是在工廠製造、幾乎沒有採納勞工自由創意的產品。羅斯金點出的問題一樣可以套用到現代。

studio-L員工的工作方式

這些批評也對我們社區設計事務所的工作方式帶來了影響。studio-L的二十五名員工，會造訪各地、協助社區設計的工作，來到現場之後，任何做決定的責任都交託給實際負責人（圖10）。一個缺乏主體性的員工可能會覺得不安而想問：「該怎麼辦好？」，但是資深員工就能夠相信自己在現場的感受，跟地區居民一起以自由創意來推動專案。

當然，有些基本原則員工必須共同遵循。我們會透過一年兩次的合宿凝聚共識，或者由我提筆為文傳達給員工知道。假如這些原則算是一種規範，那麼最理想的工作方式就是大家都能夠遵守這些規範，並且加上各自有彈性的調整，在各個地區挑選最適合的方式。

如果在所有地區都執行同樣的專案，想必一定可以提高完成度，成功的機率也會增加。但是這麼一來，每位負責的員工便會沒有發揮的空間；更重要的是，在地居民也無法從活動中獲得樂趣。靠自己發現地方的問題所在，討論如何解決這些問題，studio-L的員工靠著自己的創意來協助活動，跟地區居民一起推動社區營造——這樣的專案或有許多大膽粗糙之處，可是活動的主體：居民，以及從旁協助的員工能夠靠自己的裁量來決定專案的方向性——這樣子可說是極有投入價值的專案。

羅斯金還有一個想法對我們的工作方式帶來很多啟發。他說不管什麼樣的人，都會有些許「想往更好的方向前進」的意圖。雖然少，但至少有想像力、有感情，也有思考能力。不過很多人因為沒有具備完備條件，所以無法發揮其想像力、感情和思考能力。正因為如此，我們更需要去激發他們上述這三種能力，給予肯定。

但是這些做法也有風險。因為我們所激發的或許不單是他們的優點，也有可能同時激發出缺點。因此更要引出他們缺點之外的長處，大加誇讚。當他們的缺點導致專案瀕臨失敗的危機，就得同時引導出他們的長處和短處，結合各種長處來推動專案的進行。假如只是做類似計算數字這種單純的工作，或許不會有太大的失敗，可是在必須產生新點子並付諸實行的工作中，往往就能看到負責人同時表現出好與壞的一面。

羅斯金另外又說到，我們必須思考：要將勞工視為類似道具、用於單純作業，又或者視為可以思考的人。就算想把人當成道具使用，也很難如願吧。要當作道具使用，機械更能正確動作。既然要將對方視為一個人來工作，那麼就該更重視機械無法創造出來的點子，並且讓對方實際執行自己想出來的創意。當然，失敗在所難免。在失敗中一樣可以逐步調整態度、發揮創意，開心愉快，發揮人性的特質來工作。

最悲哀的是勞工為了糊口，不得不持續做不快樂的工作。他們相信只要有錢就能享受快樂，忍受不愉快工作的人生實在很不幸。勞工之所以對富人感到憤怒，並不是因為報酬少。問題在於他們一點也無法在維生的工作中找到喜悅。

studio-L也是一種「社區設計師行會」

羅斯金從哥德式建築中解讀出上述觀點，點出在管理上保障勞工自由度、結合他們的長處和短處提高整體表現之重要性。這種組織管理的背景，來自羅斯金視為理想的行會（Guild）工作方式。

中世紀的行會得到的評價兩極。有人認為由工匠組成的行會搶回了被富商掌控的都市市政和市場主導權，應予肯定。但另一方面，也有人批評行會將取回的主導權變成一種既得利益，產生由行會控制市場的狀況。因此，也難免會有人覺得勢必演變成市民革命導致行會解體的局面。

不過羅斯金認為，行會內的師父和工匠的關係、徹底的品質管理、負起責任的師徒制和教育制度、本於自由創意的協作和技術革新等，這些行會好的一面都應該傳承下來。事實上他也確實組織過聖喬治行會[13]這個非營利同業組合，振興愛爾蘭海中央曼島等地區。最後行會的經營似乎不太順利，但是羅斯金從行會上找到值得傳承的價值這一點，確實很值得參考。

studio-L也可以說是一種行會式的工匠集合體。儘管我們集結了許多獨立的社區設計師，不過並非人人單打獨鬥，而是以師徒制方式，由資深老手來培養新人。既然是自由工作者，就表示沒工作就沒報酬。根據工作成效，可獲得相應酬勞。每項業務的負責人都有各自負責的專案，要招募必要的成員執行業務。成員可以從studio-L裡找，假如覺得沒有適當人選，也可以請其他自由工作者協助。要找人一起工作，是負責人的自由。

在專案執行現場如同前述，負責人可以主導幾乎所有決定。在現場所下的判斷應該是最正確的，假如沒有特殊狀況，身為師父的我不太會推翻他們的判斷。當然，假如有人找我商量，我或許會提示一些方向，但也僅僅是一種規範，基本上實際的判斷都委交現場工作人員負責。羅斯金認為行會式工作方式中值得肯定的「品質管理」、「多樣協作」、「教育系統」、「技術革新」、「培養社會關係資本」等，也都是studio-L認為值得確實延續的價值。

不分工，一個人從頭到尾負責一個專案

行會式的工作方式中一個重點是：專業人員要從頭到尾負責一項工作。如果要如羅斯金所說，從工作中找到喜悅，那麼分工方式只會有害。

工業革命後的英國，在工廠工作的人增加，也有許多人被迫以分工方式工作。羅斯金批評：「最近我們積極地研究、鑽研『分工』這種文明的偉大發明。然而，這個命名並不正確。其實被分割的並非工作，而是人類。人被分割之後，淪為單純的人類局部。」他也認為，每個勞工都只參與到創作的某一部分，是個值得注意的問題。「我們把棉花漂白、鍛造鋼鐵、精製砂糖、塑製陶器，但卻無法感受到參與漂白、鍛造、精製、塑形等一連串工作的樂趣。」當這些作業切分為片斷，要在途中下工夫發揮創造就很不容易。因為沒有一個人參與所有作業，所以看不見最後的完成品，也很難從中獲得充實感、感到喜悅。

13譯者注：Guild of St George。

這些問題也可以套用到現在的日本。該怎麼處理這種狀態呢？羅斯金提出以下的建議：「因應這種狀態的方法只有一個，各種階級的人都應該正確理解什麼樣的勞動最受人類喜愛，最能為人類帶來提升和幸福，同時也應堅決地放棄只能因勞工的墮落，而從中獲取的方便、美麗或廉價，並且同樣堅決地要求健全又能讓人類提升的勞動產物及成果。」

說到這裡，討論的重點早已不在哥德式建築哪裡美麗了。話題從哥德式建築的特徵到建造職人的工作方式，進而擴及實現這種工作方式的社會樣態。羅斯金的活動逐漸從一個藝術評論家，轉為社會改革者。

社區設計中「不分工」也是很重要的因素。在地方上活動的人平常的工作中有很多分工的經驗，大家多多少少都有無法獲得滿足的部分。想在地方上進行社區營造活動時，假如又是以分工方式進行，很有可能減損大家參與的意願。我們很看重大家在平時工作中無法實現的工作方式，希望讓成員可以參與到整個專案。從發現課題到檢討對策，準備實現想出的靈感，以及社會實驗。根據實驗結果檢討改善方策，然後再次準備實踐。我們希望重複這種循環，讓所有人獲得參與整體專案的充實感。

studio-L的工作方式也一樣。業務、企畫、現場調查、工作坊營運、計畫制定、撰寫各種設計、報告書等，在專案進行當中會產生許多不同的任務（圖11-14）。如果可能，最好由一個人來完成這所有工作。文案、平面設計師、攝影師、工作坊主持人、業務、寫手等，假如要分工，確實可以把專案切得極細。可是這樣的專案無法讓任何人滿足。如果我們自己無法從工作當中體會到充實感，自然也無法將熱情傳達給參加的居民。不管對參加專案的居民，或是對以社區設計師身分參與的studio-L員工，都只會走向分散熱情的方向。

所以社區設計師必須身兼多職。因為不分工，所以必須具備能從頭到尾一個人承擔工作的能力。如果隨意列舉我們可能必須具備的能力，大概有以下十種：①在人前發言；②撰寫行政文書；③畫平面圖、插畫；④調查適合的資料或案例；⑤透過對話激發居民的意見；⑥形塑願景或企畫；⑦製作傳單或手冊；⑧組織居民社區；⑨有結構地梳理事件；⑩管理時程及預算。這些工作並沒有排定專精擅長的負責人，而是讓每個人自己設法完成，就結果來說，可以感受到完成專案的充實感，同時在專案進行中歷經嘗試和錯誤時，也能達到提升動機的效果。

人生在世的目的並非只在賺錢

在前面我們介紹過，羅斯金的思想始於藝術評論，提倡自然和人類既有價值的重要，他很重視從過去的建築中發現背後的勞動價值，打造能讓人在工作中獲得喜悅的社會。撰寫完《現代畫家》、《建築的七盞明燈》、《威尼斯之石》後，羅斯金開始動筆寫作跟經濟相關的書籍《給後來者言》[14]。

羅斯金在這本書中批判了古典經濟學，因為古典經濟學只把人視為貪婪的機械。把人類設定成極單純的生物雖有助於在經濟學上的思考推論，但實際上人類並非如此單純。並非所有人類都

14譯者注：*Unto This Last: Four Essays on the First Principles of Political Economy*。

圖13	圖11
圖14	圖12

圖11－專案開始時首先要聆聽在地居民的意見。拜訪居民的家或職場，聆聽共計上百人的居民意見，以了解當地現狀和人際關係的情形。同時，也要和拜訪的居民成為朋友。照片是福島縣猪苗代町的「初始美術館」專案起始時，與居民進行的訪談。

圖12－專案開始後，邀請當地居民聚集在一起踩街、參訪活動預定地。照片是進行北海道沼田町的專案時，跟居民一起調查活動預定地的國中校地舊址的情形。

圖13－了解現場狀況之後，開始具體思考活動內容、進行組織架構。跟居民一起舉辦工作坊，凝聚共識、促進主體形成。照片是新潟縣十日町市的專案所進行的工作坊。

圖14－在專案的節點有時需要整理出專案的成果或報告。重要的是這些整理必須由專案負責人來一以貫之。假如分工，那麼專案前半段住民訪談中所感受到的事，或者現場調查中的發現、工作坊中大家討論特別熱烈的事項等，往往不會被反映到後半的成果或報告書中。

只想著賺更多錢，有人願意投身社會活動，也有人持續從事無益於自己的事。古典經濟學無法完全理解這些人的心情和熱切——但很多時候，這些往往才是生而為人最值得重視的心情。也可以這麼說，古典經濟學是一門沒有考慮到人類最具人性特色之處的學問。

前面所舉出的「從勞動中找到喜悅」的價值，在古典經濟學中幾乎微不足道，但那卻是我們勞動工作最重要的目的，也牽涉到一個人的人生觀。

這一點也跟社區設計的基礎有關。假如人類是「不斷追求財富的存在」，那麼「連結人與人」的社區設計目的就僅剩下如何讓這些連結起的人賺更多錢。然而，我們的信念並不在此。我們期待找出賺錢以外的價值，讓人們起而行、主動打造出適宜生活的地方環境。由此看來，社區設計並不屬於古典經濟學，而是以羅斯金經濟學為本。

讓既有價值增值的經濟學

羅斯金經濟學的基礎，是他從《現代畫家》開始就很重視的既有價值。每件事物都有其既有價值。減損這些既有價值的行為，就算能賺錢，也不該進行。減少自然或人類既有價值的設計或開發，不去進行才是上上策。運用自然素材製造東西時，必須做出能讓原本的自然具備之既有價值更增值的成品才行。

羅斯金很感嘆工業革命後英國舉目皆是廉價的陳腐商品。這些商品都是減少了原料既有價值的結果。換句話說，社會上盡是不該進行的製造行為。羅斯金認為，必須放下擁有許多金錢或物質的「富有」（rich）概念，發明出一套重視精神性價值和文化豐富的「富足」（wealth）之經濟學。

這種想法也跟社區設計的目的一致。我們並不認為可以一口氣改變整個國家的價值觀，而是希望能在不同地區發展出重視「富足」的社區。透過社區設計而連結起來的人才會考慮到①自己想做的事、②自己能做的事、③地方上需要的事這三點來企畫活動內容，並且盡可能去實行。因為自己想做，所以願意運用工作以外的時間來從事；因為自己能做，所以可以持續而不勉強。持續愈久，就能一點一滴滿足愈來愈多地方上的需求，成為受到住民感謝的活動。獲得感謝之後的喜悅，也會讓人更願意投入新的活動。

在這類活動中聚集的人，看起來一點也不像「為了賺錢而聚集的人」。大家共享以往的經濟學所無法計算的價值而生。看來還要好一段時間，才能看到以這種講求「質」層面的富足為基礎的經濟學誕生。我深切期待羅斯金經濟學在現代也後繼有人。

重新思考羅斯金經濟學的時代

如以上述，羅斯金所設想的理想人類並不是會單純為了賺錢而行動的類型，也包含了會因為幫助他人而感到喜悅的人。另外，羅斯金也認為這種生活方式才是真正的富足。

《給後來者言》第四卷第七十七節中，有一段很棒的文字：「人生就是財產。人生當中，包含了愛的力量、喜悅的力量、讚美的力量。一個最富足的國家，是個可以孕育許多富足人民的國家。最富足的人會將自己人生的機能提高到極限，運用其人格和所有物，帶給其他人的人生正向影響。」我援引這段話告訴我們從事社區設計現場的居民：「我希望你們都可以成為給其他人的人生帶來正向影響的人。」同時我也數度把這句話告訴studio-L的員工。我希望我們可以把自己人生的價值拉到極限，持續帶給在社區設計現場認識的人更正向的影響。

很遺憾，羅斯金經濟學被揶揄為荒唐無稽，除了某一段時期之外，幾乎都不被經濟學者放在眼裡。可是現在正是應該重新檢視羅斯金經濟學的時代。我們已經知道，必須追求真正的富足，人類的幸福並非僅以金錢或物質的多寡來決定（注3），當我們已經開始連結人與人、為了地區社會展開活動，此時更值得審慎思考羅斯金的經濟學理念。

注：

1 羅斯金於一八一九年二月八日生於倫敦杭特街五十四號，是約翰·詹姆斯，羅斯金和瑪格麗特·羅斯金夫妻之間的獨生子。父親是富有的商人，也是美術品收藏家，母親是虔誠的新教徒，希望兒子能成為聖公會的主教。

2 一八三六年，羅斯金為了反駁雜誌上的評論家，寫了支持透納的論文，不過在透納本人的要求下稿子並未刊登。一八四二年，因為透納作品再次受到評論家嚴厲批評，他決定出版《現代畫家》。

3 根據美國哈佛大學自一九三八年以來持續不斷的「格蘭特研究15」，健康幸福人生的必備因素並非金錢或名聲，而是優質的人際關係。擁有優質人際關係的人，可以擁有相對健康幸福的人生，壽命也會較長。

15 譯者注：The Grant Study。

專欄1

從羅斯金的晚年學習

約翰・羅斯金

晚年要在哪裡度過？

年過四十後，我開始思考，該在哪裡渡過自己的晚年。真是不可思議。過去我從來沒想過這些事，但過了四十大關我開始確實地描繪起晚年生活方式的大概輪廓。

該在市中心跟老友熱熱鬧鬧地共聚，還是該到農村去投入自然環境中悠閒度日？或者在郊外打理一片小規模的庭園或田地，興致一來再到市中心去？該住在寬敞地坪的大房子裡好，還是選個雖然小但質樸乾淨的家？工作要乾脆地放手，或者在覺得有趣的範圍內愜意地持續？每種抉擇都難以取捨。

幾經煩惱，我開始好奇過去的案例。歷史上人物都在哪裡渡過晚年呢？對了，約翰・羅斯金的晚年是什麼景況呢？

羅斯金在倫敦出生長大，長時間居住、活躍於都市裡。但是他五十二歲時搬到湖區的科尼斯頓[1]這個村子，順便養病，晚年也在這裡度過。

羅斯金選擇度過晚年的科尼斯頓，是個什麼樣的地方呢？我很好奇，像他這樣的人會過著什麼樣的生活。於是，我決定一訪英國的科尼斯頓。

布倫特伍德[2]

科尼斯頓是湖區科尼斯頓湖畔的小村子。村子的中心地區有個觀光諮詢處，前方的道路命名為「羅斯金大道」。跟羅斯金大道平行、通往湖邊的道路叫做湖水路，這條路邊有一所「約翰羅斯金學校[3]」。在村子中心附近有一座「羅斯金博物館[4]」，後方是羅斯金曾參與營運的「科尼斯頓會館[5]」。

另外，在觀光諮詢處附近有教區教會，「羅斯金之墓」就在這裡。科尼斯頓可說是個處處可見到羅斯金影子的村子。

羅斯金晚年居住的住宅，位於隔著湖與村子中心地區相望的對岸。那附近被稱為布倫特伍德。羅斯金的住宅蓋在布倫特伍德的小山丘上。當時羅斯金只聽說「布倫特伍德的小山丘上有房子要賣，是個可以俯瞰山中湖泊的地方」，房子連一眼也沒去看，就以一五〇〇英鎊買下了這棟住宅（注1）。

上圖1－科尼斯頓村。板岩這種薄石板的產地，村子各處都可以看到運用板岩的建築。
下圖2－羅斯金家後門望出去的風景。可以看見湖光山色。

買下房子後，實際到訪當地的羅斯金想必很滿意這棟沒有辜負他原先想像的住宅吧。現在我以觀光客的身分去參觀，依然可以看到那片令人感動的風景。爬上通往山丘的徐緩坡道，可以看見羅斯金的家。現在的入口不是以前的正門玄關，而是接近廚房的後門。從這裡眺望出去風景相當美，可以遍覽羅斯金稱為「老人峰」的山和科尼斯頓湖。

從後門進房時，馬上會見到一處小商店。看了這裡販賣的小冊子之後我相當驚訝。冊子上詳實地記錄了這座宅邸由誰、於幾年興建，後來又賣給誰、如何增建等等。英國真是個了不起的國家啊。以下略記其概要。

首先在一七九七年，湯瑪斯．伍德維爾在這片土地上蓋了小屋。這棟小屋在一八二三年易主，由山謬．哈靈頓買下。一八二七年時賣給安．科普利，一八三〇年由其女兒繼承。一八四五年女兒過世後，財產管理人將房子租給約西亞．哈德森。一八五三年威廉．詹姆斯．林頓[6]買下這棟房子。林頓稍微將房屋擴建，在林頓赴美後，由約翰．羅斯金在一八七一年買下。如同前

1 譯者注：Coniston。
2 譯者注：Brantwood。
3 譯者注：John Ruskin School。
4 譯者注：The Ruskin Museum。
5 譯者注：The Coniston Institute。
6 譯者注：William James Linton，一八一二－一八九七，版畫家、風景畫家、憲章派主要詩人和政論家。

上圖3—左為羅斯金，右是喬安·塞文。下圖4—工作室。在此展示了羅斯金在大學上課時所用的巨幅繪畫。

述，他在買下之前並沒有到當地看過房子。這一年羅斯金五十二歲。

　買下布倫特伍德的房子後，羅斯金跟表妹喬安·塞文[7]還有表妹的丈夫亞瑟·塞文[8]一起在此生活。喬安負責照顧羅斯金的生活，她丈夫亞瑟是畫家，持續進行著創作活動。現在的布倫特伍德是個有三十多間房間的大宅邸，不過羅斯金剛買下時只是個有八間房間的一般房子（這也已經夠大的了）。羅斯金對於這個規模的住宅其實已經很滿意，但塞文夫妻用羅斯金的錢繼續買土地、增建住宅，花了五十年時間改造為大豪宅。

　羅斯金搬到科尼斯頓後有很多人來拜訪他。例如前拉斐爾派[9]周邊很活躍的伯恩—瓊斯夫妻[10]、霍爾曼·亨特[11]等，還有藝術與工藝運動的旗手沃爾特·克蘭恩[12]，以及生物學家查爾斯·達爾文[13]也曾來訪三次。搬到遠離都市的地方後，假如還是有老朋友頻繁來訪，那生活想必很愉快。不過由於羅斯金嚴禁在他家中抽煙，所以聽說來訪的朋友得爬下山丘、走到湖邊去抽煙。

羅斯金宅

　讓我們來看看宅邸內部。進入正門後首先是玄關門廳。左邊是老舊的餐廳，接連著後方是廚房和後門。另一邊，玄關門廳右側那一排是羅斯金的工作室和書房。工作室裡放著羅斯金在大學上課時使用的巨幅花草繪畫，魄力十足（注2）。

　另外，書房裡放著羅斯金用過的書桌和收藏繪畫的櫥櫃。羅斯金將裝飾宅邸牆面的畫作保管在櫥櫃中，定期拿出來展示。櫥櫃裡除了羅斯金自己的畫作，還有透納以及前拉斐爾派的繪畫。書房裡有四座書架。羅斯金將藏書分門別類放在書架中。兩扇窗戶之間是放置博物學和植物學的書架；暖爐左右則是參考書和歷史書的書架（注3）。

　書房後方有餐廳，是一間可以從外推窗看見美麗山水的房間（注4）。中央有一張可坐十人的餐桌，牆上掛著繪有五歲左右的羅斯金和父母親的畫。這間老餐廳就在廚房旁邊，另外還有一間新餐廳離廚房稍遠。看來這間老餐廳應該是專供宴客用的空間。

換句話說，這棟宅邸一樓從門口進來後左邊都是私人空間、右邊則都是公共空間。另外，二樓有兩間寢室，一間是羅斯金的寢室、另一間是客房。兩個房間左右對稱，聽說羅斯金如果連續幾天睡不好就會換房間睡。每間房間的床邊牆面都掛了許多透納的畫。

前面說到的是羅斯金使用的空間。不過在布倫特伍德除了這些之外，還有二十多間房間，這些全都是表妹塞文夫婦用羅斯金的資金所增建。畫家亞瑟在宅邸內設置了寬闊畫室。表妹喬安照料晚年羅斯金的生活，但羅斯金死後她陸續變賣宅中遺物，結果導致羅斯金遺物四散各處。幸運的是，這些東西多半都由羅斯金的忠實信徒惠特豪斯14買下。其實這棟布倫特伍德的宅邸後來也被他買下，開放讓更多人前來參觀。

上起。圖5—書房。從左邊書架依序為博物學、植物學、參考書、歷史書。前方為羅斯金的書桌。中央櫥櫃裡收藏著裝飾牆面的繪畫。
圖6—餐廳。牆面中央掛著童年羅斯金的畫，左右掛的是父母親的畫。
圖7—寢室。整面牆都掛滿了透納的畫。
圖8—教授的院子。據說是羅斯金親手打造的庭院。現在還留有用板岩石做成的椅子。

7 譯者注：Joan Severn。

8 譯者注：Arthur Severn。

9 譯者注：Pre-Raphaelite Brotherhood，一八四八年在英國興起的美術改革運動，活動時間僅僅三、四年，卻對十九世紀的英國繪畫史及方向帶來很大影響。

10 譯者注：Sir Edward Coley Burne-Jones，一八三三－一八九八，英國藝術家和設計師。

11 譯者注：William Holman Hunt，一八二七－一九一〇，英國畫家。

12 譯者注：Walter Crane，一八四五－一九一五，英國藝術家。

13 譯者注：Charles Robert Darwin，一八〇九－一八八二，英國自然科學家、地質學者、生物學者。

14 譯者注：John Howard Whitehouse，一八七三－一九五五。

圖9—格里茲戴爾藝術中心的院子。種了許多菜，宛如廚房菜園。

教授庭院

羅斯金家旁邊有一座名為「教授庭院」的庭園。這是羅斯金自己親手打造的庭院。他用這裡生產的板岩（slate）堆成石牆、砌造石凳。植栽大多可供食用，最大的特徵是種了許多在生活中能派上用場的植物。羅斯金說，這座庭園的大小剛好夠一個人種植可自給自足的食物。同時，自己一個人能做的事有限，所以這也是一座能夠學習與人合作的庭院。在庭院中工作，還能不時抬頭欣賞美麗的湖光山色。

羅森公園[15]

距離布倫特伍德稍遠處，有個名為「羅森公園」、類似公園的地方。這裡是藝術家集團「格里茲戴爾藝術集團[16]」的據點。他們也曾參加過二〇〇六年越後妻有的「大地藝術祭」。與其說羅森公園是座公園，其實幾乎算是一座山林。藝術家們一點一滴地開墾，耕種家庭菜園、堆起石牆，並且取蜂蜜、養豬。在這樣的空間裡處處可見藝術作品。

格里茲戴爾藝術集團據點所在的建築，是增建一棟腐朽石造小屋而成。裡面有廚房、餐廳、客廳、圖書室。隔壁的黑色建築可以燒陶。園內的木造立方體小屋也可以體驗陶藝。

右上圖10—格里茲戴爾藝術中心。以中央集雨管為分界，右邊是老石牆，左邊是擴建的部分。
右下圖11—陶藝小屋。這座小屋好比一道跨在小河上的橋，地板的局部挖空，可以汲取下方流動的河水。
左上圖12—格里茲戴爾藝術中心的「羅斯金香菸」。
左下圖13—住宿者用的浴袍，上面有羅斯金「給後來者言」三個單字的刺繡。

格里茲戴爾藝術集團的卡崔娜為我們介紹公園，還用家庭菜園裡收成的蔬菜來做沙拉跟義大利麵。我們在餐廳享用這些菜色。餐廳的書架上可以看到羅斯金香菸。這好像是當時美國販售的香菸，上面有最討厭人抽菸的羅斯金臉部肖像的彩色印刷。真不知道他本人看了會怎麼想。

上圖14—羅斯金博物館的內部。展示介紹了板岩、地區歷史，以及跟羅斯金有關的展品。

下圖15—科尼斯頓會館。裡面有圖書室、商店、集會室、講堂等。

這座中心內有可讓藝術家住宿、創作作品的房間。每個房間的室內裝潢主題都不一樣，其中一個房間貼著威廉．莫里斯的「柳葉壁紙」。這裡還準備了三套給住宿者使用的浴袍，背後各自刺著「UNTO」、「THIS」、「LAST」等單字。這是取自羅斯金名著《給後來者言》英文原書名中的三個單字。

羅斯金博物館

科尼斯頓的山群裡含有許多板岩，因此這個地區整體來說有不少運用大量板岩的建築。包圍在住宅周圍的圍牆是以板岩堆成，田地外圍的石牆和牧場柵欄也是由板岩堆起。

這裡的板岩加工業從以前就很興盛，因此羅斯金也大力鼓勵居民們製作板岩的手工藝品。為此，他提供自己的藏書和繪畫給大家參考，希望能提高當地人的工藝品質。另外，因為羅斯金本身很喜歡礦石，他自小就有收集礦石這種「山的碎片」的習慣，所以來到科尼斯頓後他也發現許多礦石、擴充了自己的收藏。

羅斯金博物館中，針對上述幾大不同主題進行了展示規畫。這是一座介紹科尼斯頓的板岩產業如何與羅斯金的興趣結合的博物館，可以同時參觀地區歷史和羅斯金的收藏。

科尼斯頓會館

羅斯金博物館後方有一座「科尼斯頓會館」。羅斯金在此替當地勞工上課、一起學習。現在這裡由格里茲戴爾藝術集團管理。

會館正面右方是間圖書室、左邊有「誠實商店」（Honest Shop）這間店。也就是所謂的「良心商

15 譯者注：Lawson Park。
16 譯者注：Grizedale Arts。

上圖16—誠實商店裡發現的羅斯金撲滿。
中圖17—科尼斯頓會館的集會室。
下圖18—科尼斯頓會館的講堂。

店」。如同字面上的意思，這是一間購買者必須誠實付錢才能成立的無人商店。地方上的人在這裡販賣自己的手工雜貨，購買者自己在筆記本上寫下購買的品項，將錢放進盒子裡，就這麼簡單。這裡還販賣用格里茲戴爾藝術集團製作的羅斯金臉型陶器撲滿。大概是在羅森公園的窯裡燒製完成的吧，成品有點粗糙。價錢是七英鎊，換算日圓大概一三〇〇左右。我當然也買了當伴手禮。

　進到後方是集會室。這裡是地方上市民團體聚會的地方，架上擺了許多介紹各個團體的資料。其中也有介紹格里茲戴爾藝術集團架子，放了他們的作品，例如那個陶製羅斯金撲滿。

　再往後走，是廚房跟講堂，在這裡可以烹調餐點、舉辦演講。這些空間從羅斯金搬到這裡來就有，一直以原貌保留到現在。由此可見，羅斯金晚年也積極地跟地方上的人交流。

羅斯金之墓

　一九〇〇年一月二十日，羅斯金在布倫特伍德嚥下最後一口氣。科尼斯頓的村子中央有座教區教會，也就是地方上的教會。羅斯金埋葬在這座教會。現在教會後方仍然可見到羅斯金的墓地。這不是什麼特別的地方。羅斯金的墓碑就位在地方居民的墓地之間。

　我清了清羅斯金的墓，一邊祈禱一邊想。羅斯金建構起一套足以影響整個國家的思想，甚至連海外都有他的虔誠信徒，他的晚年就這樣在有美麗風景環繞的科尼斯頓宅中度過。聽說羅斯金在布倫特伍德的日子裡，一天會寫二十幾封信。他從這裡跟世界各地的弟子通信，也偶爾接待從倫敦來訪的賓客。同時，他也會親赴科尼斯頓的中心地區，在科尼斯頓會館對地方上的人講課、一起思考工作方式。

圖19－在羅斯金墓前祈禱。墳墓是由羅斯金的弟子、好友科林伍德所設計。

羅斯金曾告訴村裡的勞工：「合作比競爭更重要。」人的欲望會在競爭中漸漸升高，導致逼使他人工作、搾取環境資源，無法帶來永續的未來。另一方面，跟他人合作則會愈來愈尊敬對方，建構起富足的人際關係。他所強調的正是「社區」的重要性。

另外，他也曾經告訴地方上的勞工：「碳有可能變成煤炭、也可能變成鑽石。人類也一樣。如果沒有經過淬煉，就會變成煤炭。這麼一來只會淪為燃料，變成工業革命的勞動力。但假如你們夠努力，就有機會變成鑽石。」

如何度過晚年

羅斯金的晚年看來相當愉快。在都會區熱鬧度過餘生固然好，但是像羅斯金這樣跟村裡的人一起認真討論的晚年也很有吸引力。包圍在一群志同道合的人當中、彼此對話，身後也葬在這些人之間。我不可能一直在全國奔走工作。人生的最後，想生活在什麼樣的社區當中呢？或許可以試著從「終老社區」的概念來思考晚年的生活方式。由此可以發現自己想居住的地區，也一定可以看見期望中的住宅房間數量、配置，或者庭院的風景吧。

我開始有點期待自己的晚年。暫時停下書寫的手、抬起頭來，從英國買回來的羅斯金陶製撲滿從書架上盯著我看。別擔心，我當然也會帶著你，一起到安享晚年的地方。

注

1 羅斯金童年時曾經跟著父母親來過科尼斯頓。當時他就很喜歡這個地方，可能是因為這樣，才會選擇這裡作為晚年的棲所。此外，或許也受到羅斯金敬愛的華滋華斯[17]亦曾住在科尼斯頓的影響。

2 據說羅斯金上課時會並列自己畫的兩幅巨大繪畫。在沒有投影機跟投影片

17 譯者注：Sir William Wordsworth，一七七〇－一八五〇，英國浪漫派詩人。

的時代裡，這是他為了一邊講解一邊呈現實際物品、或為了表現出對比所想的方法。

3 晚年的羅斯金在這間書房裡撰寫自傳《過往諸事》[18]。Praeterita是拉丁文「過去所發生的事」的意思。這本自傳如同羅斯金自己所寫，以輕快的語調記載著他愉快開心的回憶。

4 餐廳的外推窗上放有燭台。晚年的羅斯金經常造訪住在湖對岸的朋友科林伍德[19]，直到夜深才回來。科林伍德很擔心深夜乘船回對岸的羅斯金，所以羅斯金總是在回家後點亮餐廳燭台上的蠟燭報平安。

5 羅斯金博物館是羅斯金死後由國家名勝古蹟信託[20]的發起人朗恩斯利牧師[21]跟奧克塔維婭．希爾[22]等人一起設立的。

---

18 譯者注：*Praeterita*。

19 譯者注：William Gershom Collingwood，一八五四－一九三二，英國作家、藝術家。

20 譯者注：National Trust，全名為National Trust for Places of Historic Interest or Natural Beauty。

21 譯者注：Hardwicke Rawnsley，一八五一－一九二〇，英國牧師、詩人、政治家。

22 譯者注：Octavia Hill，英國社會改革家。

第二章

大師兄　威廉・莫里斯

1834-1896。受到羅斯金的影響，奠定了藝術與工藝運動的基礎。其後半生熱衷投入社會主義運動，經常論及社會改革問題。照片為為艾略特與弗萊攝影工作室所攝，莫里斯時年四十三歲。

William Morris

莫里斯的實踐與社區設計

曾經學過設計的人想必至少都聽過威廉．莫里斯的名字。對室內設計感興趣的人可能會誤以為莫里斯是壁紙設計師（圖1）。直到現在，莫里斯所設計的壁紙和織品依然深受歡迎，每每舉辦展覽就會吸引品味優雅的女性聚集。實在是位令人羨慕的設計師。不過莫里斯已經不在世上，當然無法跟會場的女性互相交流。

莫里斯是活躍於十九世紀末的設計師、作家、畫家、翻譯家，同時也是詩人、園藝家、古蹟保護者、自然環境保護者、社會主義運動人士、古書收藏家、出版發行人，他畢生有過多不勝數的成就。我之所以對莫里斯感興趣，一方面是因為他活躍於如此多元的領域，另一方面則是因為知道他尊約翰．羅斯金為師。

在介紹羅斯金的第一章中曾經說到，我擅自將十九世紀的評論家羅斯金認為是自己的師父。

圖1—一八八七年所發表的壁紙「柳葉」。莫里斯設計了許多壁紙，這是其中最知名的圖案。這是他仔細觀察「柯姆史考特莊園」別墅附近溪畔的柳樹後所完成的設計。

對我而言，莫里斯就像是同門的大師兄。年齡上莫里斯大了我一百四十歲左右，但是我也擅自將他視為競爭對手。莫里斯是承繼了理論家羅斯金的概念、將之付諸實踐的人。實踐社區設計時，我固然從羅斯金的思想獲益許多，但從莫里斯這位大師兄身上我也學習到不少東西。本章要試著介紹莫里斯的實踐和社區設計之關連。

結識夥伴

莫里斯生於一八三四年、歿於一八九六年（注1），比尊奉為師的羅斯金年輕十五歲。莫里斯生長在倫敦市郊、綠意豐沛地區的大宅邸，自小就在自然和書籍的包圍下生活。不過在他十三歲時父親過世，成人後的莫里斯每年會繼承部分遺產。

莫里斯十八歲進入牛津大學就讀、研究神學，計畫將來成為神職人員，但是因為許多機緣，他最終走上設計這條路。在他開始從事實務工作後，也一直提到想設立修道院，基本上應該是個不斷在思考如何替人類打造幸福社會的人。

大學時代他遇到兩個重要的機緣。一是結識了立志當畫家的朋友伯恩－瓊斯（圖2）；另一個機緣則是接觸到羅斯金的著作（注2）。另外，他跟羅斯金大為讚賞的前拉斐爾派畫家們也有交流（注3）。在伯恩－瓊斯和前拉斐爾派中心人物羅塞蒂[1]（圖3）等人的影響之下，莫里斯決心

1譯者注：Dante Gabriel Rossetti，一八二八－一八八二，英國畫家、詩人。

放棄神職，成為一名建築師。

二十二歲時自大學畢業的莫里斯開始在建築師喬治・艾德蒙・斯特里特[2]的事務所工作，在那裡他認識了主任建築師菲利普・韋伯[3]，兩人意氣相投。莫里斯一邊在設計事務所工作，一邊與伯恩—瓊斯等友人發行文學同人誌，發表詩作和小說（注4）。最後他在建築設計事務所任職的時間只有短短九個月。之後他開始跟伯恩—瓊斯共同生活，也跟羅塞蒂及其夥伴一起製造家具、承接裝潢工作（圖4）。

跟這些不同夥伴的活動之所以能夠集結彙整，要歸功於莫里斯結婚。莫里斯在二十五歲時結婚，他以繼承的遺產建造了新居（圖5）。土地選址和住宅設計由韋伯負責。家具製作和裝潢工程則由莫里斯自己，再加上羅塞蒂和伯恩—瓊斯等朋友免費幫忙。

蓋自家時跑了不少店家、尋找家具和壁紙、織品的莫里斯，很失望地發現當時的倫敦並沒有自己想要的美麗、實用產品。以往由工匠花上一整天仔細打造的製品，現在工廠裡一天可以量產出一千個。當然，量產品的品質極低劣，莫里斯完全找不到想擺放在自家的東西。因此他跟夥伴一起用手工打造完成了新居，也促成他們成立公司，希望提供美麗又實用的製品。

右圖2—莫里斯（右）和伯恩—瓊斯（左）。身為畫家的伯恩—瓊斯是莫里斯大學時代的朋友，也引介了前拉斐爾派的羅塞蒂給莫里斯。

左圖3—羅斯金（左）和羅塞蒂（右）。羅斯金相當讚賞表現自然原本樣貌的前拉斐爾派作品。羅塞蒂正是前拉斐爾派中的領導人物。

二十七歲的莫里斯跟韋伯、伯恩—瓊斯、羅塞蒂等協助他打造新居的八位夥伴一起設立了「莫里斯、馬歇爾暨福克納商會[4]」，每人出資一英鎊，莫里斯的母親出了一百英鎊，實質上可說是莫里斯的公司。公司經銷的商品幾乎都是莫里斯在打造新家時需要的東西，家具、壁紙、磁磚，玻璃製品、彩繪玻璃、刺繡製品等，都是既美麗又實用的東西。想必也反應了莫里斯的哲學：「家裡不擺放不知有沒有用，或者不美觀的東西。」

我成立社區設計的公司studio-L當時，從莫里斯等人的活動得到了很多啟發。「設計人與人之連結的公司」：要成立這麼一間奇怪的公司，第一件事是要與可信賴的夥伴試著一起埋頭執行一個專案，彼此熟悉對方的特徵。以我來說，二〇〇一年成立的非營利活動「生活Studio」，正是這樣的起點（注5）。我們以大阪府堺市為對象，反覆進行田野實察和嘗試，儘管沒有接獲任何委託，但我們認真探討堺市未來的具體設計。我們也曾仿效莫里斯他們發行了

2 譯者注：George Edmund Street，一八二四－一八八一。
3 譯者注：Philip Webb，一八三一－一九一五。
4 譯者注：Morris, Marshall, Faulkner and Company。
5 譯者注：Red Lion Square。

圖4—面對紅獅廣場5的住宅。莫里斯跟伯恩—瓊斯在這裡一起生活。原本的租戶羅塞蒂離開後，由莫里斯他們繼續承租。因此羅塞蒂以及羅塞蒂介紹給他們認識的羅斯金都經常來此拜訪。羅斯金在附近的勞工大學負責星期四晚上的課程，這一天經常會來莫里斯家坐坐。

《環濠生活》這本同人誌。這些活動就像是我們的消遣（圖6）。

之後在堺市認識的商店街店家開始委託我們設計招牌或者網站。當時我一邊在建築設計事務所工作，一邊進行這些活動，所以時間很有限，但是所有參加活動的夥伴幾乎都把全部的空閒時間投注在這「有樣學樣的社區營造活動」上。經過五年的非營利活動，我們各自辭去工作，五個人創立了studio-L（注6）。所以我很能了解，莫里斯他們透過打造新家，不僅更釐清了「我們該做什麼」這個願景，也同時在擬定實務策略，例如「誰擅長什麼？誰可以不眠不休工作？誰跟誰工作脾性比較合」等。

莫里斯他們的公司只有兩個人領固定薪水，其他五個人據說是分紅制（注7）。可能是以當時羅斯金正在重新檢視的中世紀行會式工作模式為藍圖吧。羅斯金自己建立的聖喬治行會並沒有持續太久時間，但莫里斯創立的行會式公司後來

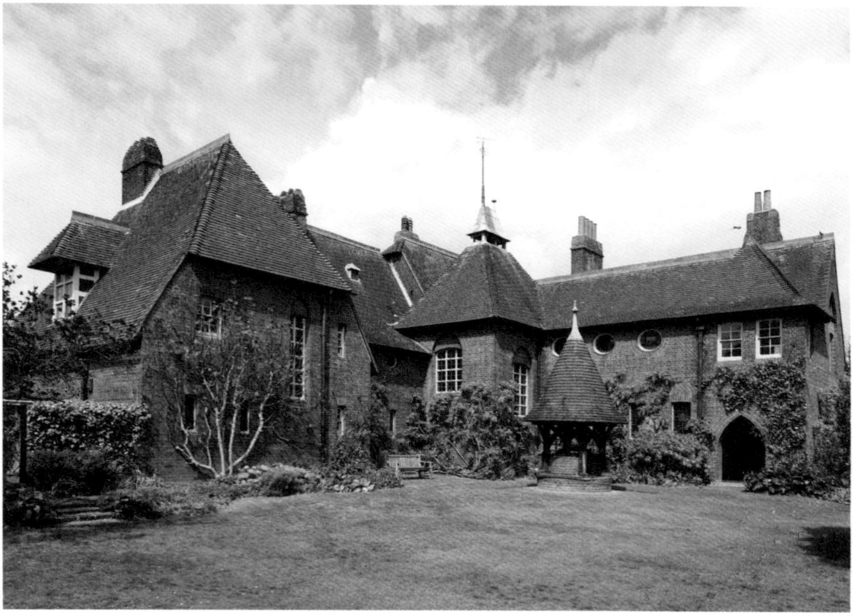

曾經參加倫敦萬國博覽會，贏得兩面獎牌，開始接到許多訂單。studio-L以社區設計師的行會方式，五個人皆以分紅制度開始工作時，確實受到羅斯金所讚賞的行會的影響，但我也必須坦承，實務面帶給我更多勇氣的，其實是莫里斯他們公司的成功先例。

把美感帶入生活

生活中不能沒有美感。如此深信的莫里斯很重視藝術。但是莫里斯所想像的藝術主題極廣泛。他曾經說過：「我希望大家能用更廣的定義來解釋藝術這個詞彙。除了繪畫、雕刻、建築等所謂藝術作品之外，我們生活所需各種東西的形狀、色彩，還有村莊、牧場、農田的配置、街景、道路等，這些全都是藝術。換句話說，我希望大家把圍繞著生活的一切都視為藝術。」

但話雖如此，一般人難免覺得藝術的門檻很高。因此為了方便，莫里斯將美術館等地方擺設的作品稱為「大藝術」；生活中到處可見的美麗稱之為「小藝術」。他更偏重後者，也就是與生活密

6 譯者注：Red House。
7 譯者注：Jane Burden。

右圖5－現在的紅屋[6]。因為莫里斯跟珍・伯登[7]結婚，開始動工打造這棟住宅，前拉斐爾派的夥伴們一起協助他們。莫里斯夫妻在一八六〇年搬來紅屋，一八六五年又搬到倫敦。據說他跟眾夥伴一起進行的紅屋裝潢，直到莫里斯夫妻搬走時都還沒有全部完成。

左圖6－跟「生活Studio」成員一起創辦的同人誌《環濠生活》。這是我們就堺市環濠地區各種提案做一番統整後發行的手工同人誌。我們將這份刊物放在環濠地區各地，讓居民閱讀我們的提案內容。在這之後我們也與環濠地區的商店街共同展開活動。

切相關的藝術當中的美感。小藝術後來又被稱為裝飾藝術或者生活藝術、民眾藝術，傳入日本則成了大家耳熟能詳的「民藝」或「工藝」。

那麼具體來說，什麼是小藝術呢？莫里斯所想像的小藝術，包括了家、房間的塗裝、家具、簡易木工、陶藝、服裝製作、烹飪等。莫里斯認為：「小藝術能讓人在使用不得不使用的東西時感覺愉快。同時也得以在從事不得不做的事情時，享受其中的過程。假如沒有這種藝術，我們的生活將枯燥乏味，勞動也僅僅是必須忍耐熬過的活動。」這種想法正是發展自羅斯金在〈哥德式的本質〉中的觀點：「中世紀工匠一邊享受製作裝飾之樂一邊工作，因此打造出來的哥德式教堂才會這麼充滿活力。」

把美感帶入工作

莫里斯進而呼籲，儘管是枯燥的勞動，也可以憑藉創意將它昇華為藝術行為。他疾呼：「應該將勞動培養為民眾的藝術，並終結枯燥乏味、只會消磨身心的奴隸式勞動。」這種觀點也可以套用在現代勞動環境中。怎麼樣才能把工作轉換成樂趣？轉換成美麗的存在？只要能享受這種創意，工作將能綻放出不同以往的光彩。莫里斯說過：「勞動有兩種。一是讓生活愉快清朗的勞動，一是成為生活重擔的勞動。一種帶有希望，另一種則無。前者的勞動具有人性，後者的勞動應該予以杜絕，才是符合人性的判斷。」他點出，在能夠讓生活變愉快的勞動當中，絕對不能缺少藝術。這樣的想法也傳入日本，把莫里斯引介到日本的宮澤賢治形容他「以藝術點燃了灰色的勞動」。

其實說來慚愧，最近我們事務所在這一點上也做得還不夠透徹。會議資料的排版有時候不夠漂亮，或者挑選的字型不恰當、輸出資料的裝訂太過隨便。請員工掃描圖片時，有些人會不注意圖面是否水平。或者有時紙張的背面透出、沒有調整亮度跟對比，忘記去除疊紋。大家似乎忘了studio-L是一間設計事務所。實在非常慚愧。這些雖然都是小事，但是努力把每一個步驟做到盡善盡美，不僅可以讓自己樂在工作中，也可以提高工作結束的滿足感。或許得多下很多工夫、多花一點時間。但是只要養成習慣，這些都能反射性地完成。我相信所有細心工作的累積，最後都能釀成對工作的自豪感。

工作的美感可以帶來其他人的共鳴。舉辦工作坊的宣傳海報、傳單或網站設計、分發資料的排版、記錄照片的構圖、電子報文章等，這些如果不美，社區設計現場的參加者就會漸漸減少。站在前面的工作人員，如果發言不夠有魅力，參加者就會覺得無聊。大家一起吃飯時如果菜色不夠美味，在這間店裡就只會留下令人遺憾的光陰。美麗、有趣、美味——缺少了這些特色的社區設計現場，跟我們一起活動的居民心情想必也會逐漸萎靡。別小看了這些事，我們必須努力在工作的各個細節中注入美感才是。

把美感帶入市民活動

在社區設計現場我們會跟很多市民共事。參加這種市民活動的人往往都另有本業，也就是基於興趣來參加活動，其中有沒有美感也很重要。活動裡如果有美麗、美味的東西，就會讓人參與起來更開心。能夠讓大家開心的活動才能長久持續下去，也才有可能會有新的夥伴加入。

但也不是說只要找來專業設計師提供精美的成品就好。一旦專家把海報、傳單、網站等設計得漂漂亮亮，那麼市民就只需要心懷感激地使用，這麼做在短期內或許會覺得很滿足，可是當設計師離開該地區，往往活動就會停擺。重要的是讓參與活動的市民可以自己親手打造出美麗的東西。

如果能自己親手打造美麗的東西，首先可以享受嘗試與錯誤的過程本身。平常或許會開始觀察各種設計，外出旅行時也會開始尋找活動的靈感。這或許是比較極端的表現，不過假如開始在活動當中尋找美感，也會改變看待街區的眼光。街區的硬體和軟體層面都藏有許多提示。我們可以漫步在街區中尋找這些靈感、與人交談，這些都能成為參考，也都很有意思。如果可以帶著這種感覺來享受市民活動，活動內容一定會愈來愈充實。

市民活動團體總是容易給人封閉的印象，因為從外面看上去很難了解這個團體到底在做什麼。這時候最重要的就是資訊傳遞。我們以什麼為目標？正在努力執行什麼事？由誰來做？這些都需要有適當的訊息發布。不管是紙本媒體或者網站，美感都很重要。若說「做的事很不錯，但媒體很遜」，這樣就太可惜了。正因為做的事很好，才更應該讓訊息以美麗的形式傳遞出去。這麼一來一定可以增加支持者和參與成員。

市民活動中的美，不僅關乎參與活動的當事人是否能樂在其中，對於增加支持者和夥伴來說也很重要。比方說靠自己來重新整修活動場所、自己烹調美味的特產、設計漂亮的包裝等，市民活動團體自己能做到什麼地步呢？市民自己能運用傳單、海報、網站、小冊子做到多具備美感的資訊發布？這些努力當中都包含著樂趣，在嘗試與錯誤的歷程中，也藏有提高團隊向心力的機會。來自地區外支持市民活動的社區設計師，必須要自覺到這些價值，構想出不過度提供支援的平衡方式來與地區互動往來（圖7）。

活用素材

那麼要怎麼樣才能做出美麗的設計呢？莫里斯認為訣竅就在於「活用素材」。「千萬不能忘記自己所使用的材料。任何時候都要讓材料發揮到極致。假如覺得材料對於所製作的東西無法帶來幫助、只會帶來妨礙，那就表示你還沒有真正學會工作的真諦。」這跟羅斯金的想法很接近。如同前一章中所述，羅斯金相當厭惡減損素材價值的設計。他也曾經主張，會減少自然固有價值的工作是無謂的工作，或許能給當事人帶來利益，但對世界卻是有害的。

再者，羅斯金也認為人才同樣是具備既有價值的存在，因此在合作中極重要的是：如何不減損每個人保有的價值。由他所提案、莫里斯來承襲的行會式合作組織，也可以說是一種讓人的既有價值

圖7—在「島之環二〇一四」中，市民活動團體所使用的旗幟是親自以網版印刷的方式來製作的。為了避免陷入「萬一沒預算發包給專門業者，就無法製作旗幟」的狀況，一開始的設計便以能自己量產為前提來構想。可以靠自己量產的設計，開啟了在地方上持續支援活動的可能性。

發揮到最大限度的工作方式。社區設計的現場著重於巧妙活用居民各自擅長的領域、推展活動的可能性，這種觀點也相當重要。地方上的某些家族之間存在著嫌隙，會有下面這種情形——「我跟他們家從江戶時代就交惡了」，那麼再怎麼樣都無法一起活動、合作。勉強這些人一起共事、降低專案的整體成效絕對不是好方法。避免因為錯誤的組合而減損了每個人的既有價值，也是社區設計師推動專案時的重要工作之一。

找回小藝術

莫里斯所重視的小藝術，意味著美化生活各種層面的努力。這是一種愉快的努力。不止生活，不管是工作或市民活動都需要這種努力。而且他還提到，要醞釀美感，重要的是活用素材。製作家具、房屋的塗裝、形塑街景道路等，莫里斯將小藝術這種觀念應用在相當廣泛的範圍上。反觀我們的日常又如何呢？這些小藝術是不是幾乎都委託給專家了呢？尤其是街景和道路等等，是不是都放手交給地方政府了呢？我認為所謂「社區營造」，就是把跟城市相關的小藝術主導權再次收回自己手中的行為。

圖8—在島根縣隱岐郡海士町與居民一起擬定綜合振興計畫「島的幸福論」。為了打造出居民在其中提案的活動「海士人宿」，居民自行改裝了搬遷後的保育園舊址。當地人決定，社區營造不交給政府，自己能做到的東西就自己來。

把打造街區都交給行政單位與專家，就等於放棄自己生活中的小藝術。這實在太可惜了。生活的樂趣其實就藏在這些地方裡，連結人與人之間的契機也正深藏於此。有些人會認為社區設計就是「設計一個社區」，但是不用我多說相信大家都能理解，社區並不是能靠某個人來設計就可以形成的東西。我想最好是將社區設計視為一種與專業設計相對成套的概念。也就是說，這是一種「由社區來進行的設計」。在社區居民共同合作之下進行社區營造、開發特產，思考出有趣的專案。也可以把它想成「將牽涉到街坊的小藝術重新拿回社區手中」的行為（圖8）。

所以社區設計的目的不在於地方政府的預算削減；也不是把過去由地方政府負擔的角色移交到社區手中；當然，也不在於活化商店街的經濟。這是一種延伸製造家具、製作壁紙，進而享受鋪路造橋、打造公園過程而推進的小藝術活動，除了製作物品，也創生專案、思考運用方式，並且加以實踐，連「不造物的設計」也視為一種標的的設計行為。換句話說，這是一種由社區發起、讓每個人能更樂在生活的「生活改善運動」。

這麼一來，每個市民就得具備自己也是藝術家的意識，我們都要成為小藝術家。小藝術家並不是指「小的藝術家」，而是「從事小藝術的人」。莫里斯也曾說過，所有人都應該成為藝術家。「企圖靠自己雙手製造出藝術作品的你們，都該是藝術家，而且必須是偉大的藝術家。」這種想法跟印度思想家薩提斯・庫瑪[8]「藝術家並非特別人種，所有人都應該是特別的藝術家」的發言，還有德國藝術家約瑟夫・博伊斯[9]的「所有人都是藝術家。人類不需要成為畫家、雕刻家、建築

---

8 譯者注：Satish Kumar，一九三六年－。

9 譯者注：Joseph Beuys，一九二一－一九八六。

師，或者設計師等擁有特別技術的工藝家，只需要以一個人的身分，就可以成為藝術家」的說法，都有其共通的交集。我們所從事的社區設計也承繼著一樣的潮流。

從繪畫開始

隨著社區設計相關的實踐案例增加，我們也面臨必須培養更多事務所員工的問題。另外，山形市東北藝術工科大學裡成立了社區設計系，提供了可從學生時代便開始學習社區設計實踐的場域。不管是員工或學生，我都希望大家能做到一件事：那就是無論何時何地都可以不害羞地隨手畫畫。能夠用語言把自己或對方所想的事情表達出來並共享固然重要，但如果以言語共享，過程太耗時，或者有產生誤解的可能，那麼就應該立刻改變表現形式，以簡單的素描來表達。在這個時候有所猶豫，討論的速度和正確性就會明顯低落。這可不是說「我畫得不好」或者「很丟臉」的時候。我們必須具備可以快筆畫出草圖的能力，用草圖來確認：「你的意思是這樣嗎？」以推動討論往前進。社區設計的基本在於溝通，除了使用文字溝通以外，也得學會能輕鬆交流的技巧。

莫里斯也強調過繪畫的重要性，他說：「無論是學習藝術的手段或者實踐藝術的意義，所有設計師首先都得學會仔細繪畫。實際上除了肢體不方便的人之外，我認為所有人都應該學繪畫。但並不是說所學的繪畫本身要拿去當作設計或者藝術作品，那只是達成目標的手段而已。也就是說，這只是一種涉及設計的基礎能力。」那麼要學習繪畫方法，該從何處著手？莫里斯認為該從描繪人物開始。「最好的方法就是畫人像。人體比起其他任何描繪對象都還要求精確性，所以馬上就能看出畫不好的地方，可以立即修正。」

基於這個想法，studio-L和社區設計系也導入了讓員工和學生畫人物的練習（圖9）。如果能不遲疑地提筆作畫，就能迅速做出許多提案。在工作坊中整理參與者意見時，也可以在模造紙上描繪許多插畫、補足表現，營造愉悅的氣氛。工作坊結束後製作刊物時，也可以馬上提出幾種不同提案的設計（圖10）。除了語言和繪畫，還可以嘗試用照片、立體物品，進一步推展其他共享意見的方法。當工作坊會場充滿這樣的氣氛，參加的市民也會漸漸開始在模造紙上描繪插畫。參加者本人可以親身體會意料之外的樂趣，更加期待下一次的參與。這就是為什麼工作和市民活動中也需要美感和樂趣的原因。

設立莫里斯商會

年屆四十的莫里斯，陸續開啟許多新嘗試。其中之一是解散了當初跟夥伴一起創立的行會式公司莫里斯·馬歇爾·福克納商會[10]，

10譯者注：Morris, Marshall, Faulkner & CO.。

右圖9－東北藝術工科大學社區設計系的學生學習如何大膽作畫。一年級時特別著重練習描繪人臉。

左圖10－滋賀縣草津市的草津川舊址專案時製作的刊物。為了讓未參與專案的人也能津津有味地閱讀，不斷反覆研究排版設計。

設立莫里斯商會。創設時的成員有幾位因此離開商會，實質上由於以往的經營多半是由莫里斯負責，即使改為莫里斯商會後，也沒有太大變化，依然可以繼續創造出優質的設計產品。其中以紡織品、染織物、編織品、布料等織品類為其主要商品。想製造優質織品，就得要有能引入充分自然光的明亮工坊和豐沛的水源，以及可以找到用作染織品原料的植物草木的地方。莫里斯在四十七歲時找到莫頓阿比[11]修道院舊址這個地方，將工坊遷到此處。流過該地的河川水質為軟水，有許多草木，非常適合製作織品。他們在這裡以織品為主，同時也製造彩繪玻璃和玻璃製品等。在此製造的並非工廠以機械化量產的粗製濫造商品，而是講究素材和工匠技藝的優質製品。

不過在這之後，莫里斯自己心中卻產生了矛盾。莫里斯的理想是讓人們生活中所使用的各種東西變得美麗。所以他才會講究素材，透過熟練工匠之手打造出優質製品。同時，他也很重視工匠可以享受自己打造出美麗器物的這種小藝術，愉快地在工坊工作。當其他企業不斷在工廠中製造出廉價產品，莫里斯一路堅持不在工廠（factory）、而在工坊（workshop）中製造。不過靠這種手法製造出的東西價錢不免昂貴。結果導致莫里斯商會的顧客都是有錢人。

莫里斯說：「人們太過要求廉價的商品，這太無知了。他們一點也不知道要給予製作者相應的對價，也不打算知道。製造業者也只想著如何降低價格，不斷把濫造的廉價商品投入市場中。」莫里斯理想中的交易，應該是類似公平交易或者道德購物的形式吧。假如要實現他的理想，除了產品的製作方法和工作環境之外，更得改變社會本身。有了這種想法的莫里斯，漸漸開始走上社會改革運動一途。

設立古建築物保護協會

四十歲之後的莫里斯，第二個變化是他開始參與中世紀之前的建築保護運動。當時，莫里斯視為理想生活及工作方式的中世紀建築物，其重要的建築特徵不斷被人以「修復」之名行「破壞」之實。憂心這種狀況的不止莫里斯一個人，他的師父羅斯金和湯瑪斯・卡萊爾[12]也反對無意義的修復。羅斯金主張中世紀建築的裝飾是隨著工匠們的樂趣一起誕生的成果，也從中發現了價值，如果拿掉這些，取而代之放上千篇一律無味而枯燥的裝飾，其實一點意義也沒有。

於是莫里斯跟羅斯金和湯瑪斯・卡萊爾一起成立了古建築物保護協會，向外界訴求應該盡可能保護許多古建築物的想法。而諷刺的是，在這些「修復工程」中運用了相當多莫里斯商會銷售的優質彩繪玻璃。知道這個事實後，莫里斯不再銷售修復中世紀教會用的彩繪玻璃。結果導致彩繪玻璃業績降低至三分之一。

古建築物保護協會的保護對象為中世紀以前建造的古建築物，之後該協會也陸續成立「喬治亞學會[13]」和「維多利亞協會[14]」等組織，衍生出保護中世紀以後建造之建築物的活動。最近還誕生了「二十世紀協會」。而參與古建築物保護協會設立的莫里斯，另外也協助共有地保存協會

---

11 譯者注：Merton Abbey。
12 譯者注：Thomas Carlyle。
13 譯者注：The Georgian Group。
14 譯者注：Victorian Society。

和卡爾協會等組織，在這股潮流之下，到了一八九五年，保護歷史建築和自然環境的國家名勝古蹟信託在英國誕生了。現在國家名勝古蹟信託是個以世界規模展開保護活動的團體，不過在莫里斯設立古建築物保護協會時，很少有人關注他的主張，歷史遺產接二連三地遭到破壞。因為大家都希望建造嶄新的教會來增加教徒，工程業者也希望可以承接工程、確保業績。在這樣的共識之下，歷史悠久的教會因為這些徒有虛名的修復行為，喪失了貴重的建築特徵。對莫里斯來說，這也是一種經濟和社會問題。這個時期的莫里斯開始熱衷投入社會改革運動。

社會主義運動

莫里斯商會的商品只有富有資本家買得起，古建築物被資本理論破壞，這些事讓莫里斯對資本主義開始產生疑慮。莫里斯在四十二歲時設立了東方問題協會，自己擔任會計。在四十五歲時他也加盟全國自由主義同盟，負責會計事務。另外在他四十九歲時參加了由亨利・海德門[15]領導的社會民主同盟，成為執行部的一員。當時他接觸到卡爾・馬克思的《資本論》，開始摸索社會主義的可能性。之後由於海德門太過堅持要把議員送進國會，他跟馬克思的女兒愛琳娜・馬克思等人一起脫離了社會民主同盟，成立社會主義者同盟。但是後來他因為這個同盟中無政府主義論者增加，也脫離該同盟，設立了漢默史密斯社會主義者協會[16]（圖11）。

這時候莫里斯開始認為：「希望實現和平社會的社會主義者，在組織內如此反覆鬥爭、分裂是件很奇怪的事。」他開始執筆《烏有鄉訊息》[17]，透過故事來描述自己腦海中的理想社會。當時他描繪出的烏托邦後來傳入日本，成為宮澤賢治理想國「ihatovo」的藍本。有人說宮澤賢治的羅須地人協會是從「羅斯金協會」的發音所衍生出來的，在這個協會中也反覆介紹了羅斯金和莫里斯的思想及實踐範例。

莫里斯心中的理想社會

莫里斯心目中的理想社會是什麼樣的社會？在「我如何成為社會主義者」和「未來的社會」等演講中，莫里斯將他理想的社會描繪如下。首先，理想的社會中沒有貧富差距，既沒有資本家和勞工之分，也沒有人怠惰工作或過勞倒下的人，所有人都可以平等地工作、互助生活；創造出來的財富由社區共享，實現美好富足的生活；

15 譯者注：Henry Mayers Hyndman，一八四二－一九二一。

16 譯者注：Hammersmith Socialist Society。

17 譯者注：*Utopian News from Nowhere*。

圖11—社會主義者同盟漢默史密斯分部的合照。第二排右邊數來第三人就是莫里斯。前排中央穿淺色系的女性是莫里斯的女兒梅（梅雅莉·莫里斯）；梅的左邊第二位是姊姊珍妮（珍·愛麗絲·莫里斯）。

社區與社區之間並非競爭關係，而是彼此合作協助，這些合作連動進一步形成了共和國。

以行政單位來說，他認為能夠讓市民對生活細節都保持關注、負起責任的小規模政府較為理想。最終目標並非把自己的生活託付給國家，而是由人民彼此合作來經營社區，實現理想的生活。

這樣的社會以莫里斯視為理想的「愉悅而有意義的勞動」和「美麗生活環境」為兩大基礎，並且實現幸福的生活。莫里斯呼籲：「能夠感受美，並且創造美的生活，才能產生喜悅。我們應該打造一個把享受這些美的必要性與每天吃的麵包同等看待的社會。」我們不會讓其他人代替自己執行烹飪等生活上的基本行為。最好能一邊享受、一邊自己動手做。因為在莫里斯心目中的理想社會中，每個人都應該活得很自由。每個人都該自由；所以同樣地，其他人也必須是自由的。正因為如此，我們才不應該培育出得代替他人執行生活的人。在資本主義社會中，麻煩的工作委交給其他人確實可以提高效率。但是莫里斯理想中的社會並不吝惜這些時間，而是鼓勵能將這些工夫轉換為喜悅的生活模式。推動能將生活當中各種行為變美的小藝術，才是莫里斯視為理想的生活及社會。

分工和勞動的機械化

正因為莫里斯跟羅斯金同樣討厭分工，他們也更討厭將分工後的工作完全交給製造粗劣產品的機械。亞當．斯密在《國富論》中鼓勵分工。斯密只把勞動視為單純的辛苦活動，所以他認為應該盡量運用機器，減少人的勞動時間、生產較多產品才叫做進步。可是對莫里斯而言勞動並非辛苦的活動，勞動是愉快的、能夠帶來喜悅的活動。所以他認為不應該靠機械化來減少勞動，而應該下工夫來減少勞動中的痛苦、增加樂趣。為此，他企圖實現一個放棄分工、確保工作的整體性、讓每個人都能樂在工作中的工作方式。

如同馬克思所點出的，分工把人的勞動力商品化，人類的能力變得也跟物品一樣，被視為交易對象。莫里斯認為在分工模式下，用處理商品的方式來看勞動力，會讓人與人之間的關係瓦解，使彼此更加疏離。因此他鼓勵行會式的工作方式，夢想能建立一個在社區生活中創造出美的社會。在這樣的社會中沒有為其他人代勞的人。

如果不需要代替其他人完成生活中必要的大小事，人們就可以擁有許多空閒時間。莫里斯認為大家應該可以運用這些時間來創造出更有美感的東西。首先，必須改變教育的樣貌。教育不該再像以往只是單純的職業訓練所，而是必須讓學子得以學習到從中能享受自己生活的技術，把創造美感轉換為樂趣（注8）。也就是說，教育必須要能增加願意享受創造美麗事物過程中的種種嘗試與錯誤的人。莫里斯對於理想的社會生活是這麼說的：「一個不付出努力的人生，馬上就會得到枯燥無聊這個結論。」

如上所述，莫里斯理想中的社會並非交由國家來打造的社會，當然也並不應交由掌權者或前衛運動人士來打造。他理想中的社會不是「由上而下的社會營造」，而是一群以讓自己生活更美為樂、享受樂在工作的巧思之中的人，這些人互助合作形成了社區，這種社區再互相連結形成國家：就是所謂「由下而上的社會營造」。要達成這個願景，前提是必須要有新的工作方式和教育。莫里斯催生出行會式的工作方式和教育設施，在他過世之後這種思想依然由各種設計師承襲下去。

社區設計也同樣以莫里斯理想中的社會為目標，要讓街坊社區親自參與設計，享受嘗試與錯誤，協力合作、漸漸打造出更好的街區。我們希望摸索新的工作方式，開發實踐的教育方法。

行會式的工作方式

莫里斯重視的工作方式具體來說是什麼狀況呢？莫里斯的想法跟羅斯金一樣，都以中世紀行會式工作方式為理想。羅斯金盛讚的藝術家集團前拉斐爾派，是一種類似日本兄弟結義拜把一起合作的行會式集團。前拉斐爾派中幾個成員也參加了莫里斯商會，該商會的目標就是行會式的工作方式。同時期羅斯金也嘗試組織行會。羅斯金所主導的聖喬治行會，特徵在於由三種不同立場的人所構成。一是「Comites Ministrantes」，類似行會中的師父；另一是「Comites Militantes」，在師父手下工作的勞工；再者是「Comites Consilii」，因應需要一起合作的協助者。studio-L也以這種結構為藍本：以「專案領導人」、「員工」、「外部協助者」這三種不同立場的人士所構成。

之後行會式的工作方式逐漸普及。一八八二年麥克慕杜[18]成立了世紀行會[19]，這個行會雖然獲得了經濟上的成功，可是後來成員志向不同，六年後解散。一八八三年以威廉．萊瑟比[20]為中心，一群年輕建築師組成了聖喬治藝術協會[21]，該團體跟以劉易斯．福爾曼．戴[22]為中心的十五[23]這個團體整合後，在一八八四年設立了藝術工作者行會[24]（圖12）。藝術工作者行會不僅是一個同業者聚集工作的組織，還會隔週舉辦演講或展演、討論會等，也會舉辦展現成員作品的展覽。行會成員很重視能在親密的氣氛中交換意見，所以往往避免讓組織發展過大。組織的規模應該控制在所有成員能了解彼此個性和工作內容的範圍內。莫里斯也在一八八八年參加了藝術工作者行會，一八九二年時他以師父的身分指導後進。這個行會至今依然存在，在網頁上所刊載的過去師父名字中，可以看到包含莫里斯在內許多大有來頭的設計師。

當時藝術工作者行會的中心人物沃爾特・克蘭恩集結了有志之士，設立藝術與工藝展協會，一八八八年起開始舉辦藝術與工藝展。從名稱上可以看

18 譯者注：Arthur Heygate Mackmurdo，一八五一－一九四二，英國建築師、設計師。
19 譯者注：The Century Guild。
20 譯者注：William Richard Lethaby，一八五七－一九三一，英國建築師。
21 譯者注：St George's Art Society。
22 譯者注：Lewis Foreman Day，一八四五－一九一〇，英國設計師、藝術家。
23 譯者注：Fifteen。
24 譯者注：Art Workers' Guild。

圖12－現在藝術工作者行會的內觀。講義室的牆壁上裝飾了莫里斯、艾斯比・萊瑟比、克蘭恩等人的半身像。現在也定期舉辦演講和工作坊。

出這是一場匯集了莫里斯主張中的大藝術（Art）和小藝術（Craft）的展覽。之後莫里斯等人的活動開始被稱為藝術與工藝運動。

同樣在一八八八年，莫里斯的弟子艾斯比[25]設立了手工藝行會學校[26]（圖13）。受到羅斯金影響的阿諾爾得・湯恩比構思了社會福利中心「湯恩比館」，二十五歲的青年艾斯比在這裡主辦了閱讀羅斯金著作的讀書會。他也跟莫里斯一樣感受到手工創作的重要性，因此創設行會、生產細緻美麗的產品，同時也設立學校將這些技術教給後進。在倫敦活動了四年後，為了推展更加豐富的活動內容，他將工坊和學校搬遷到奇平卡姆登村，在此兼設學校。不過展開活動六年之後，艾斯比解散了此手工藝行會學校。解散原因包括在鄉間，當工作減少時不容易找到其他替代工作，還有距離都會的市場遙遠、持續買賣的成本過高，以及使用工廠機械製造同種家具、廉價販售的公司愈來愈多等。

莫里斯和艾斯比等這一群參與藝術與工藝運動的設計師，有不少人都嘗試將工坊或學校搬到鄉下地方。可是幾乎都無法長久持續。一方面是因為那個時代的通訊方法還有物流網絡不夠發達，所以要在地方上持續進行創造性的工作，想來大概不容易。可是來到現在這個時代，條件又不同了。有時候反而在鄉下地方網際網路的

圖13—威廉・斯特蘭[27]所描繪四十歲的查理斯・羅伯特・艾斯比。他受到莫里斯的影響，為藝術與工藝運動傾倒，將活動據點從倫敦搬到奇平卡姆登村。這幅肖像畫畫的是剛開始在奇平卡姆登村展開活動時的艾斯比。

圖16	圖14
圖17	圖15

圖14—studio-L大阪事務所。設立時原本在大阪市北區，現在搬到大阪府吹田市。在總部工作的員工人數最多。

圖15—studio-L伊賀事務所。從製材所的倉庫改裝而成的場地。在使用疏伐木材來製作家具的「穗積製材所專案」上軌道之前，這裡是工作人員工作的據點。現在則是穗積製材所專案的事務所。

圖16—studio-L豐後高田事務所。這是以豐後高田市商店街的閒置店鋪整修而成的事務所。目前為提供給商店街創業者的空間。

圖17—studio-L山形事務所。改裝東北藝術工科大學內的倉庫而成。由本公司擔任社區設計系教師的員工使用。學生們也會聚集在此舉辦研討課程。

「體感速度」更快。studio-L的總部雖然在大阪，不過我們分別在三重縣伊賀市的製材所內、大分縣豐後高田市的商店街內，還有山形縣山形市的大學內都設置了據點（圖14-17）。製材所內的事務所可以馬上運用木材做出試作品；商店街的事務所可以重複嘗試創業的實驗；大學裡的事務所除了進行研究和實務，還能夠培育學生。我們希望能夠活用Google Hangout和臉書，來實現莫里斯理想中的地方工作型態。

莫里斯以後

莫里斯六十二歲離世。繼承他遺志的人繼續推展藝術與工藝運動，但是其中許多人都判斷機械化在所難免。設立藝術工作者行會的萊瑟比和設立手工藝行會學校的艾斯比，還有率領藝術與工藝展協會的克蘭恩，在莫里斯死後都漸漸開始擔任藝術與產業的橋樑，開始思考什麼樣的設計可以運用工廠機械製造出美麗的東西。這種想法儘管繼承了莫里斯堅持的「以低價提供美麗物品」的觀點，可是在「讓勞動變得有趣」這一點上，卻作出了妥協。

藝術與工藝運動從英國傳到美國，進而擴及全世界。美國芝加哥的藝術與工藝協會相當活躍，設立成員之一是建築師法蘭克．洛伊．萊特[28]。萊特這位設計師承襲從莫里斯至艾斯比、克蘭恩的藝術與工藝精神，再以此融入機械工作中。萊特主張：「正確地驅動機械，可以發揮優異素材的特色，製造出簡單的製品。這已經到達了藝術與工藝運動十年前追求的手工製品水準。」他又說道：「木工中使用的機械，在裁切、成形、研磨等方面表現出優異的性能。同時也可以藉由不知疲累的反覆作業，提取出木材當中潛藏的美，毫不費力地呈現出滑順的表面處理，以及簡潔有力的形態。這種美麗在中世紀也不曾見過。」

在美國，是由萊特繼承了藝術與工藝運動。同樣地，約瑟夫・奧夫曼[29]的維也納工坊[30]、赫爾曼・穆特修斯[31]的德國工業連盟[32]、沃爾特・格羅佩斯[33]的包浩斯[34]等，都承繼這樣的潮流，不斷努力讓工廠機械製造的產品能夠成為美麗的物品。在這當中，行會式的工作方式也一邊轉變型態一邊傳襲下來。萊特的塔列辛[35]既是工坊也是學校，維也納工坊和德國工業連盟還有包浩斯同時是實際製造產品的工坊，也是一座學校。大家稱教授為大師，相當於以往師父的角色。

這些組織也都具備行會式性質，並不接受當時漸漸成為主流的資本家式經營或者員工分工化等潮流。在行會中，技術優異的人就是師父。在師父手下聚集了擁有同樣技術的弟子，一邊跟師

25 譯者注：Charles Robert Ashbee，一八六三－一九四二。
26 譯者注：Guild and School of Handicraft。
27 譯者注：William Strang，一八五九－一九二一，英國詩人、畫家。
28 譯者注：Frank Lloyd Wright，一八六七－一九五九，美國建築師、作家。
29 譯者注：Josef Franz Maria Hoffmann，一八七〇－一九五六年奧地利建築師、設計師。
30 譯者注：Vienna Workshop。
31 譯者注：Adam Gottlieb Hermann Muthesius，一八六一－一九二七，德國建築師。
32 譯者注：Deutscher Werkbund。
33 譯者注：Walter Adolph Georg Gropius，一八八三－一九六九，德國建築師。
34 譯者注：Bauhaus。
35 譯者注：Taliesin，原意為閃亮的山脊。

父討論一邊進行工作。當師父生病過世，便會從弟子中挑選出下一位師父，並不像資本主義式的公司是由經營專家有效率地透過來自銀行的員工增加財富，也沒有只需要爭取訂單的業務部，或者只需要計算金錢的會計部、只需要進行員工勞務管理的人事部。這些都是一個人體內包含的各種要素，行會式工作方式非常重視包含這所有要素的全人式個人如何建立人與人之間的連結。

studio-L便以這種行會式工作方式為藍本。我們並沒有讓營利專家掌握公司的經營。我們也並不分開考業務、會計、人事等職務專長，專案領導人和員工每個人都要肩負業務、會計、人事的責任。自己的工作自己找，一邊斟酌預算一邊進行專案，自己每天持續研究、完成自我研修。這或許是很笨拙的經營方式，可能無法在全球化社會中勝出，業績可能也不會有戲劇化的成長。儘管如此我還是喜歡這種工作方式。我們不分工，而是不斷增加每個人能做的事，彼此尊敬對方擅

圖18—studio-L的商標。上面寫著我們是一個社區設計師行會。中間九個圓象徵著「希望維持少人數的員工（不到十人）」。設立時已經有五個成員，所以還有四個空位。很遺憾現在公司成員經超過十人，希望有一天能夠重回小人數。

長的領域，在工作中享受合作。為了創生出美好的專案，不斷嘗試和錯誤，聚集能夠享受這些工夫的人群——正因為對這種工作方式抱持驕傲，所以「studio-L是個社區設計師行會」（圖18）。

以烏托邦社會主義局部實現為目標

行會式的工作方式的主軸永遠在工坊裡。工坊又稱工作坊。現代日本提到工作坊，通常指一種討論的方式。就好比在工坊中經過仔細的工序打造出美麗產品——同樣地，我們在社區設計的工作現場也期待能在工作坊裡，透過縝密的對話催生出美麗的專案。

莫里斯企圖透過行會式的工作方式從工坊中製造出美麗的東西。他也希望在工坊裡的作業能夠很愉快，讓這裡製造出來的物品盡量送到更多人手中。但是實際上卻衍生出矛盾：完成的產品因為造價太高，只有富有人家買得起。這時我有了個想法：假如是不造物的社區設計，或許有機會化解這種矛盾。讓在工坊（也就是工作坊）中的對話愉快有趣，把從而產生的想法專案化，跟居民一起實現。經營一個盡量不花錢、但長期經營，可以跟多一點人產生關係的專案。這麼一來就可以不分貧富、讓許多人參與其中。而此時專案的趣味、美麗與美味將成為重要因素。當專案本身具備這些美感，可以吸引更多人參加，而已經參與其中的人也會覺得活動更加有趣。莫里斯心目中的理想社會，或許可以在社區設計的現場中，在地區社會裡有小規模的實現。

弗里德里希．恩格斯[36]曾經揶揄莫里斯是個「只會幻想的社會主義者」。但是從馬克思傳承到恩格斯、列寧的社會主義思想也隨著蘇聯瓦解，暴露出其幻想的一面。站在從事社區設計的立場看來，莫里斯希望創造小型社區來實現美麗且幸福的生活和勞動，並且漸漸增加這樣的社區，這種社會主義反而比較務實。無論是幻想式社會主義或者烏托邦社會主義都無所謂，我衷心希望日本各地能夠逐步實現莫里斯的烏托邦局部面貌。

注：

1 比羅斯金年輕十五歲的莫里斯，卻比羅斯金早四年離世。

2 莫里斯和伯恩—瓊斯原本都打算從事神職工作。不過在大學時代莫里斯決心當建築師、伯恩—瓊斯則立志當畫家。對當時的兩人帶來莫大影響的書籍就是羅斯金的《現代畫家》。另外書寫《威廉·莫里斯傳》37的菲利普·亨德森38舉出，另外一本影響莫里斯和伯恩—瓊斯極深遠的著作是湯瑪斯·卡萊爾的《過去與現在》39。

3 前拉斐爾派起初隱藏其團體名，只用「**P.B.R**」等字首來記載。但是因為羅塞蒂不小心對朋友說溜了嘴，講出「前拉斐爾派兄弟日」這個正式名稱，後來被外界誤解為：「難道要退化到拉斐爾之前、文藝復興之前的藝術嗎？」因而遭到譴責。拯救這個危機的是威廉·戴斯40。戴斯請求在美術評論界中居權威地位的羅斯金支持前拉斐爾派。羅斯金雖然表示：「這團體名令人遺憾。」但還是大加讚賞：「只要累績經驗，這將會成為三百年來最出色的流派。」自此輿論轉向，開始認同前拉斐爾派。

4 莫里斯等人發行的同人誌名稱叫做《牛津及劍橋雜誌》41。這種自己發行媒體的行為，可能是受到七年前創立的前拉斐爾派發行同人誌《胚芽》42的影響。前拉斐爾派的同人誌為月刊，只發行了四期，不過莫里斯他們的同人誌月刊發刊到第十二號。其中也可以看到羅塞蒂供稿的論文。

5 從這個名字可以想像他們受到羅斯金的影響。羅斯金向來很重視生活，也就是Life這個字。

6 一開始山崎辭去設計事務所工作設立了studio-L，其後一年陸續有西上亞里沙、神庭慎次、醍醐孝典、廣野慎等人加入。

7 一八六一年創設的莫里斯・馬歇爾・福克納商會成員有福特・馬多克斯・布朗43、伯恩－瓊斯、查理斯・福克納44、亞瑟・休斯45、彼得・保羅・馬歇爾46、威廉・莫里斯、羅塞蒂、菲利普・韋伯等八人。不過休斯算不上真正的成員，實質上等於七個人。

8 藝術大學在實現莫里斯「將創造美麗事物轉換為樂事的教育」上，發揮了重要的功能。東北藝術工科大學設立了日本第一個社區設計系，也是因為相信藝術大學的可能性。

---

36 譯者注：Friedrich Engels，一八二〇－一八九五，德國社會思想家。

37 譯者注：*William Morris: His Life, Work and Friends*。

38 譯者注：Philip Henderson。

39 譯者注：*Past and Present*。

40 譯者注：William Dice，一八〇六－一八六四。

41 譯者注：*The Oxford and Cambridge Magazine*。

42 譯者注：*Germ*。

43 譯者注：Ford Madox Brown，一八二一－一八九三，畫家。

44 譯者注：Charles Faulkner，一八三三－一八九二，大學教授。

45 譯者注：Arthur Hughes，一八三二－一九一五，英國畫家。

46 譯者注：P. P. Marshall，一八三〇－一九〇〇，工程師。

專欄2

艾斯比致力於融合

查理斯・艾斯比

以融合為目標

利昂內爾・蘭伯恩[1]原為維多利亞和艾伯特博物[2]的學藝員，他曾經評論，艾斯比是藝術與工藝運動中最成功、同時也最無法理解的人。蘭伯恩認為他「是個現實主義者，也是個理想主義者」。

艾斯比可以說是個持續嘗試整合兩種不同要素的人。他受到山繆・巴奈特[3]的影響，想融合工作與教育，後來又受到法蘭克・洛伊・萊特的影響，希望融合工藝和機械，並且在埃比尼澤・霍華德[4]影響下想要融合都市和田園。從現代日本回顧這些融合，或許都實現已久，不過若站在他所生活的時代來看，致力於推動這些融合實為嶄新的先見之明。

湯恩比館

查理斯・羅伯特・艾斯比出生於一八六三年，比威廉・莫里斯年輕二十九歲，比霍華德小十三歲（注1），在藝術與工藝運動中屬於年輕一輩。一八八六年大學畢業後，他成為建築師博德利[5]的弟子。博德利在英國最廣為人知的事跡，就是他是莫里斯商會首次委託的建築師。艾斯比在博德利手下工作，住在東區的白教

圖1—現在的維多利亞和艾伯特博物。內部有由莫里斯商會設計施工的綠色餐廳。

圖2—手工藝行會學校的鐵匠。工作台左後方是比爾．索爾頓；其前方是查利．當納。

堂地區的湯恩比館。白天他在博德利的事務所工作，晚上則在湯恩比館負責主持閱讀羅斯金《給英國工人的信》6講座（注2）。

但不久之後艾斯比開始對湯恩比館感到失望。他回顧湯恩比館，稱其「並沒有一個共同體的生活。既不是大學，也不是宿舍或者社團」。另外他也不滿足於光是閱讀文章的講座，開始教授學員繪畫或裝飾。這堂講座的學員著手裝飾湯恩比館的餐廳，成為後來創立手工藝行會學校的成員。跟學員一起實際工作的過程中，艾斯比開始認為必須有一座不僅能帶大家閱讀書本，也能在工作中學習技藝的實踐型學校。

湯恩比館舉辦講座過了一年，

1 譯者注：Lionel Lambourne，一九三三－二〇一〇。
2 譯者注：Victoria and Albert Museum。
3 譯者注：Samuel Augustus Barnett，一八四四－一九一三。
4 譯者注：Ebenezer Howard，一八五〇－一九二八。
5 譯者注：George Frederick Bodley，一八二七－一九〇七。
6 譯者注：*Fors Clavigera*。

右圖3—艾斯比所設計的銀工水瓶。前端裝有綠玉髓。
左圖4—艾斯比之妻，珍奈特．艾斯比。一八九〇年左右的照片。

到了一八八七年，艾斯比到莫里斯位於漢默史密斯的住處去見他，表達自己對行會學校的想法。不過當時的莫里斯已經放眼社會改革的重要性，光是設立一座融合工作和教育的行會學校，這樣的提案已經無法滿足他。莫里斯認為應該從更根本來改良社會，但艾斯比無法接受他對社會正義式的想法，失望地回到湯恩比館。

手工藝行會學校

一八八八年，艾斯比跟三位參加講座的學員一起在湯恩比館創立「手工藝行會學校」。當時的五十英鎊資本額是由艾斯比出資。在湯恩比館舉辦創校儀式時，文化局長官也出席了。過了一陣子，莫里斯也來到該校演講。行會學校以湯恩比館為據點舉辦了一陣子，不過後來漸漸受到歡迎，空間開始不敷使用，於是他們開始租用附近倉庫當作場地，並且將工坊和店面轉移到其他地方。工坊的空間用來創作木工、雕刻、繪畫等作品，其中特別注重金屬工藝。

行會學校的理想是以有機方式連接行會跟學校，但實際上雙方的步調並不一致。行會的工作雖然順利，可是學校因為資金不足，在一八九五年黯然關閉。之後行會工作還是持續增加，工匠人數也隨之增加（注3）。

一八九八年，艾斯比跟音樂家珍奈特·伊莉莎白·富比斯[7]結婚。另外又從管理兩年前過世的莫里斯遺產「莫里斯保管委員會」那裡，買下柯姆史考特出版社過去用的印刷設備，同時也僱用了曾在莫里斯手下工作的三位印刷技工。他還將行會轉型為有限公司，根據工匠的任職期間配股。只要工作表現好，行會就會獲得好的風評，帶動股價成長，持有股票的工匠也可獲利。

一九〇〇年他開始展開倫敦古建築調查。艾斯比發動的「倫敦調查」目的在於調查瀕臨崩壞的歷史建築、留存記錄，現在仍然持續進行中。此外，一九〇〇年底他第二度訪美，主要目的是演講並募集國家名勝古蹟信託的資

上圖5—現在的奇平卡姆登村街景。在古老建築中夾雜著咖啡廳和雜貨店等。
下圖6—沃爾特·克蘭恩的諷刺畫。畫的是艾斯比一行人騎自行車搬到奇平卡姆登村的樣子。

上右圖7—手工藝行會的農活。他們希望能兼顧穩定生產糧食和製造產品兩大目的。

上左圖8—手工藝行會裡的體操教室。村民也會參加。

下圖9—手工藝行會的合照。攝於一九〇七年左右。

金，這時艾斯比在芝加哥結識了法蘭克·洛伊·萊特。他對萊特的設計感到共鳴，後來艾斯比也替萊特在德國出的作品集寫序。艾斯比住在芝加哥的赫爾館[8]時，也曾稱讚這裡比始祖湯恩比館更有活力，有豐富的合作案例。

奇平卡姆登村

這時期艾斯比開始尋找新工坊。之前租用的工坊租約到期，他為了尋找理想的地點，遍訪倫敦各處，但始終找不到合適的物件。他轉念一想，說不定應該在空氣清新、又容易找到寬闊工作空間的農村活動，於是艾斯比等人決定搬到科茨沃爾德區的奇平卡姆登村。

一九〇二年，五十位工匠和他們的家族（合計一百五十人）從倫敦搬到奇平卡姆登村。來到卡姆登村的工匠首先著手修復空屋和廢棄建築，以此建造工坊、住宅、學校。在這種方式下打造出的卡姆登美術工藝學校，舉辦牛津大學的公開講座、夏季講座，也舉辦過沃爾特·克蘭恩和愛德華·卡本特[9]的演講。

起初村民並不接納他們。村民不跟工匠交談，商店故意以高價賣東西給他們。因為工匠都工作到很晚，所以艾斯比用來當作工坊使用的建築內的燈光，總是成天亮到半夜——就彷彿突然有個小都會侵入這個村子一樣。當時人口一千五百人的卡姆登村一口氣就來了一百五十人遷入，想必給村子帶來不小的衝擊。

艾斯比的妻子是音樂家，她讓

7 譯者注：Janet Elizabeth Forbes，一八七八－一九六一。

8 譯者注：Hull House。

9 譯者注：Edward Carpenter，一八四四－一九二九，英國詩人、社會主義思想家。

上起—圖10—哈特工坊所在的建築物。圖11—哈特工坊的招牌。圖12—在哈特工坊工作的銀工工匠。圖13—工匠中也有年輕女性。圖14—工坊裡排列著許多道具。吊在天花板上的是訂單。其中也有很古老的單子。圖15—大衛・哈特。跟艾斯比一起搬到這個村子的喬治・哈特之孫。

當地傳統節慶復活，重現音樂及舞蹈，藉此融入地區社群，重新建構起社區意識。另外，艾斯比也在卡姆登美術工藝學校舉辦戲劇和音樂公演、游泳大會、家政科及體育的課程，除了工匠及其家族之外，也歡迎卡姆登村民來參加。歷經種種努力，工匠終於漸漸跟村民產生交流。

瓦解

但是漸漸地，工作愈來愈不順利。以當時的通訊條件，倫敦接到的訂單傳到卡姆登村得花一段時間，在村裡製造的產品送到倫敦也要再花上時間。此外，倫敦市內可以買到許多機械製造的廉價產品，於是願意購買艾斯比他們耗費時間又昂貴產品的人漸漸少了。在倫敦時，工匠在工作較少時很容易找到其他工作，可是在卡姆登村卻很難找到其他工作。走投無路下，大家只好一邊耕田過著自給自足的生活，只有接到工作時才化身為工藝匠人。

始於一九〇二年的卡姆登村行會活動，在六年後一九〇八年終於瓦解。許多工匠都離開卡姆登村，但有一部分工匠希望能買下土地、一邊務農一邊繼續工藝活動，艾斯比開始募集購買土地的資金。艾斯比離開卡姆登村後，還有幾位工匠繼續在此於務農之餘從事工藝工作。其中尤以銀工喬治・哈特10最為成功，也有優秀的繼承人。現在喬治・哈特的孫子大衛・哈特11依然在同一個工坊工作，他兒子也繼續學習銀工技藝。

哈特的工坊

我去參觀了哈特的工坊。在這裡依然沿用一百一十年前同樣的方法敲製銀器。四周有許多不同道具環繞的工坊，散發著獨特的氣息，五位工匠在此埋頭專心工作。工匠包括兩位年輕男性、一位女性，還有一位技巧熟練的資深工匠跟哈特，總共五人。偶爾會有工匠起身走近其他工匠，討論細部的做法。這時其他工匠可能會走近表達自己的意見：「如果是我會這麼做。」討論一陣子有個大方向後，他們再各自回到自己崗位繼續工作。

哈特遵守艾斯比時代起的行會工作方式，不進行分工。一個製品由一個人從頭到尾負責。從接到委託，到交貨、收款，都由一位工匠負責接洽。每位工匠至今都還是自營業主。這是一個自營業主的集團，不過在工作上大家都互相幫助。別人有困難便伸出援手，師父將技術傳給弟子。大衛在旁邊看著父親和祖父工作，學會了工序。聽說祖父喬治聽到大衛敲打銀器的聲音，經常會走過來說：「這聲音不對。」然後轉身離開。

工坊式的工作方式

studio-L也以行會為一種理想的工作方式，盡量不分工，希望從頭

10 譯者注：George Hart。
11 譯者注：David Hart。

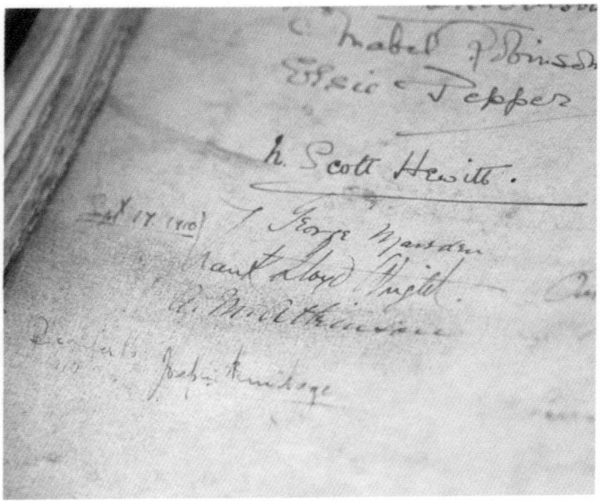

右圖16—工坊的訪客簽名簿上也有法蘭克・洛伊・萊特的簽名。
左圖17—藝術工作者行會裡的艾斯比像。

到尾都由同一個人完成工作。一旦分工，不同作業之間就極少有機會互相回饋，難以完成高品質的工作。

另外，社區設計工作跟地方居民息息相關。我們不能對居民說：「這件事請不要問我。」對居民來說，工坊的員工究竟是哪方面的專家跟他們一點關係都沒有，他們只把對方當成一個人在來往。我們應該以自身整體獲得認同為目標，全人式的對話很重要，所以專案最好不要分工。

還有一點，分工方式會讓人在指導後輩時只能教自己擅長的部分，若遇到後輩提問，就會有很多部分無法回答。不過假如所有工作的程序都是由自己完成，不但能建立起自信，也能提高成就感。一切都得靠自己完成的那股決心可以提高學習速度，也可以提高工作品質和工作帶來的成就感。所以必須努力把工坊內的分工跟發包給其他專家的部分控制在最小限度。

工藝和機械、都市和田園

哈特的工坊裡有一本從一百一十年前就開始使用的訪客簽名簿。翻開一九一〇年的頁面，可以看到法蘭克・洛伊・萊特的簽名。這一年萊特住在艾斯比家中，參觀他卡姆登村的活動風景。

艾斯比了解羅斯金和莫里斯主張的手工作業的重要性。同時，他也充分認知萊特積極導入的機械力量。他跟法蘭克・洛伊・萊特暢談一番後，想必開始思考如何完美結合工藝和機械。之後他更致力於研究如何以機械做出美麗的設計，同時也闡述了他對機械時代中藝術教育的看法。

工匠陸續回到倫敦後，留在卡姆登村的艾斯比在一九一七年出版了《偉大都市所建之處》[12]。他在書中就「該以機械製造什麼、不該製造什麼」這個問題，討論了判斷的方式與其重要性，還有都市與農村互相關連、彼此影響的必要性。此外，他發表了「萊斯里普田園都市」[13]這個理想田園都市計畫，但是這個構想終究沒能實現。對他而言，萊斯里普田園都市應該是結合了倫敦和卡姆登村兩者優點的理想計畫吧。

一九二九年，艾斯比成為藝術工作者行會的師父。勇於挑戰各種實驗的艾斯比，在一九四二年、他七十九歲時告別了這個世界（注4）。

注

1 艾斯比的父親跟莫里斯同年出生。父親個人收集了許多情色文學和色情畫作，以「皮桑納斯・佛拉克西」[14]這個筆名將這龐大的目錄整理為「禁書目錄」。另外，據說他可能也是揭露自己與女性交往方面「閱歷」的著作：《我的祕密人生》[15]的作者（這本書共有十一卷、四二〇〇頁）。聽說艾斯比相當討厭自己的父親。

2 羅斯金的《給英國工人的信》是為英國勞工而寫的著作。書中討論了享受勞動、獲取正當報酬、調整生活步調、讀書的重要，以及女性的人生等等。

3 行會起初在湯恩比館內活動，因為空間不夠，搬到附近倉庫，後來又搬到埃塞克斯館[16]，同時也在布魯克街[17]上有一間店面。

4 艾斯比晚年埋首於寫作與諷刺畫（為了強調人物特徵而極盡誇張之能事描繪的人物畫），創作此類書籍。

12 譯者注：*Where the Great City Stands*。

13 譯者注：Ruislip Garden City。

14 譯者注：Pisanus Fraxi。

15 譯者注：*My Secret Life*。

16 譯者注：Essex House。

17 譯者注：Brook Street。

第三章

使徒　阿諾爾得・湯恩比

1852-1883。湯恩比在羅斯金的影響下來到東區居住，展開救濟社會弱勢的活動。一般認為他落實了「工業革命」這個用語在學術上的定位。體弱多病的湯恩比年僅三十就離開了這個世界，不過湯恩比館繼續承襲了他的思想。

Arnold Toynbee

社會福利和社區設計

前面我回顧開始社區設計這份工作時，曾經參考過的運動或組織，介紹了約翰・羅斯金和威廉・莫里斯。而談論到這兩個人物時，勢必會聯想到十九世紀後半葉在英國發起的慈善組織協會與睦鄰運動[1]。最近愈來愈多社福領域的人邀請我去介紹社區設計，也確實在幾個地區有醫療和福利相關的專案正在啟動。接下來我將著眼於社會福利和社區設計的相關性，來談談慈善組織協會和睦鄰運動。

現在的日本或許也處於類似狀況：十九世紀英國的山間地區荒廢，人口過度集中於都市。另外在都會區中，人與人的連結淡薄，大家認為彼此互助的精神是老派且落伍的。當時固然沒有「黑心企業」這種稱呼，不過實際的勞動環境卻比那還嚴重了好幾倍，經濟落差比現在的日本更嚴重。

社會福利事業誕生的背景

要細說從頭就得稍微往前回溯歷史。工業革命時期的英國，封建社會瓦解、貨幣經濟發達。當時的人開始可以自由買賣，經濟發展到一個愈勤快工作就能賺愈多錢的時代。順利搭上這波潮流賺了錢的人，開始被稱為中產階級，以資本家的身分逐漸擴展事業。

另一方面，受雇的勞工不管多麼努力工作都只能獲得勉強糊口維生的薪資。在封建社會中，每個人都有與身分相應的責任，只要老實維持符合自己身分的生活方式，生存就不會有問題。因為工匠有師父保護、農民有地主保障其生活。

但是在資本主義社會中，並沒有人保障勞工的生活。萬一遭逢意外無法繼續工作，生活只會愈來愈困苦、難以為繼。社會上「努力的人一定會有回報」、「人窮是因為懶惰，都是自己不好」的想法漸漸普及，大家也期待「如果每個人都成立自己認為需要的事業、賺取金錢，那麼每個人需要的東西一定會有其他人負責提供，整個社會一定會變得更好」。因此許多人都加入了這場金錢競爭，沒有人關心勞工問題。

在這種社會氛圍下，山與山之間的地區能賺錢的牧羊業跟農業比起來，可獲得的利益比較大，於是牧羊業就興盛起來。過去承租土地務農的人被趕出農地，再加上農業的效率日益提高，能夠投入比以往更少的人力來管理土地，許多農民都失去了工作。

另外，由於英國整體人口增加，不管是都會區或山間地區，人口都比以前還多，想工作但找不到工作的人愈來愈多。同時也因為人口增加帶來糧食不足的問題。儘管農業效率提升，可是人口增加的趨勢卻遠高於此。

因為人有了移動遷徙的自由，所以紛紛為了找工作而聚集到大都市。其中以倫敦聚集了最多的人。倫敦有許多工廠固然是理由之一，而另一個原因則是倫敦有一套獨特的濟貧制度。假如陷入貧困，只要待在倫敦，政府就會伸出援手。亨利八世跟羅馬交惡後，英國廢止了國內的修道院，所以全國有將近九萬人失去了獲得救濟的場所，這也是人口聚集在倫敦的要因之一。

1譯者注：Settlement House Movement。

工業革命和濟貧政策

十九世紀由於上述許多原因，導致窮人聚集倫敦。不過原本在倫敦工作的勞工也很頭痛。由於蒸氣機的發明，許多勞動都機械化，再也不需要工匠以手工製作產品。工廠機器做出的東西品質雖然不好，但還是生產出大量商品，以極低廉的價格送進市場中。這麼一來，原本擁有精湛手藝從事商品製造的工匠，漸漸失去工作機會。

當時甚至還出現由傳說中的工匠盧德[2]發動的「盧德運動[3]」（時間為一八一一－一八一七年），摧毀生產機器。儘管在當時的英國摧毀機械等於死罪，不過工匠一旦失去工作就很有可能陷入貧困，所以等於名副其實是在「賭命」發動盧德運動。

政府數度改訂救濟貧困者的法律。當時修法（注1）決定將原本各地不一致的救濟方針在中央統一化，全國各地都以相同方法來實施救濟。同時也在政府設立的濟貧院設施中收容窮人，強制其勞動（圖1），規定裡面提供的待遇不能優於在社會最底層工作的勞工。這是因為擔心如果濟貧院的生活條件較佳，風聲一旦傳出去，在社會底層工作的人就會放棄工作、大量湧入濟貧院。

不過當時在英國最底層生活的人，早已處於非人的景況。因此在濟貧院的生活充滿了飢餓和嚴酷的勞動，幾乎沒有人能活著走出來。就算有機會離開，也會被貼上標籤：「那個人以前待過濟貧院。」再找到工作的機會微乎其微。政府期待濟貧院的存在可以成為抑制貧困的一股助力，暗地裡卻告訴入住者：「如果不想在濟貧院工作，就靠自己努力出去討生活。」

對於政府這樣的態度，也出現了反對聲浪。其中有些意見是基於人道主義觀點，但也有很多意見認為政府花了太多錢在經營濟貧院上。實際上與其建造濟貧院讓貧困者勞動，還不如發放救濟金，更能節省費用。站在政府的立場，這種方法只會增加想輕鬆獲取救濟金的人，所以就算花錢，也得繼續維持濟貧院這套系統。因此儘管有這些反對聲音，依然繼續以濟貧院作為對抗貧困的政策。

也有提及工廠中惡劣勞動環境的反對聲浪。尤其兒童的勞動條件和勞動工時之長，有許多人都表示反對，結果英國在一八三三年訂立了工廠法，可是當時內容尚不完備。工匠和商業組織也對這些政策採取了自衛手段。勞工成立勞動工

2 譯者注：Ned Ludd。

3 譯者注：Luddite movement。

圖1——一九〇〇年拍攝的馬里波恩的濟貧院用餐時間。這個濟貧院只收容男性，另外在各地也有只收容女性，或者只收容兒童的濟貧院。

會、發展共濟事業，也成立友愛組合或者生活合作社等互助組織。尤其是承繼羅伯特・歐文想法的英國羅虛戴爾公平先驅社[4]發展出極先進的活動，創造出全世界生活合作社視為典範的機制。羅斯金和莫里斯所實踐的行會正是在這樣的背景下重現的中世紀機制，培養出許多後來被稱為行會社會主義者的繼承者。

慈善組織協會的成立

一群有心的中產階級對政府的濟貧對策心生不滿，也開始主動出擊。其先驅活動有例如一八二〇年代湯瑪斯・查爾默斯[5]的睦鄰運動。查爾默斯認為貧困的原因在於當事人的個人資質，如果不改變貧困者的性格，就無法讓他們脫貧。因此他認為拜訪貧困者、為他們的人格帶來變化才是當務之急（注2）。

查爾默斯深信，讓貧困者脫貧的轉變根本之道就在於貧困者內部，所以他主張除了貧困者本身的努力，也需要有貧困者的家人、朋友以及富裕者的支援。具體來說，他拜託地方上的富裕者援助貧困者的生活，也鼓勵富裕者拜訪貧困者，跟貧困者一起思考改善生活的方法。

當時倫敦各地都出現了類似活動，不過彼此之間沒有相互聯絡，也沒有合作機會。一八六九年，終於成立了「慈善救濟組織化及乞食抑制協會」，隔年一八七〇年更名為「慈善組織協會（Charity Organization Society = COS）」，以此展開活動。慈善組織協會除了負責協調在倫敦市內推動活動的各個組織，也分擔了部分濟貧院的工作。慈善組織協會首先區分出「值得救濟的貧困者」

和「不值得救濟的貧困者」，將完全沒有努力念頭的貧困者歸類為「不值得救濟的貧困者」，任憑濟貧院處置；至於前者，則活用組織之間的網絡，採取適當的救濟措施。這種方法反映了慈善組織協會「貧困應該靠個人的努力來跨越，周圍的人應該伸出援手」的想法。

慈善組織協會成立時期羅斯金除了捐贈約一百英鎊，也接下該協會副會長一職。十五歲時閱讀羅斯金的著作大受感動，還曾經到羅斯金家中幫忙素描工作的奧克塔維婭．希爾[6]也參與了慈善組織協會的工作。她是初期地區委員會的負責人，主要執行羅斯金援助之下、提供貧困者住宅的事業。這些經驗讓希爾認識到：貧困者和勞工需要有清潔的住宅，同時也需要有能玩耍或散步的開放空間，上述種種均影響了她之後推動的開放空間運動以及國家名勝古蹟信託運動。

再回到正題。查爾默斯所重視的貧困者家庭訪問，在慈善組織協會中又叫作「友愛訪問」，它被視為一種重要手段。訪問者並非站在一種類似教師的立場拜訪，而必須時時提醒自己是以「住在同一地區的朋友」身分拜訪，反覆藉由定期拜訪，以掌握貧困家庭面對到的問題、研究解決方法。一八九六年，在希爾的提案下，他們開始推動將慈善組織協會的方法論教授給下個世代的教育事業，其中也規範了友愛訪問方法的詳細行動方針。此外，這項教育事業在一九〇三年成為一所獨立學校，一九一二年更以倫敦大學社會學校之名，成為倫敦大學旗下的學校之一，後來發展為倫敦大學社會行政學院。

4 譯者注：Rochdale Society of Equitable Pioneers。
5 譯者注：Thomas Chalmers，一七八〇－一八四七，蘇格蘭神職人員。
6 譯者注：Octavia Hill。

當我們開始從事社區設計時，進入一個地區做的第一件事就是訪談。盡可能聽許許多居民的意見。如果可以，我們會拜訪他們的家或者職場、聽他們說話（圖2）。大家或許覺得聚集在會議室裡討論比較有效率，可是有很多人一進會議室就會緊張，我們也較難找到談話的線索。如果在自宅或職場，從周圍放置的物品或裝飾就能找到數不清的談話題材。所以我們盡量到許多人家中或職場去拜訪、聽他們說話。

這麼做目的有二。一是問出該地區的資訊和受訪者個人的狀況；另一個目的是交朋友。在社區設計的現場，往往需要聚集許多人、舉辦工作坊，製造讓居民互相溝通討論的機會。可是在這之前，逐一拜訪居民跟他們成為朋友，建立起讓他們願意參加工作坊的人際關係——可說是相當重要的一環。這種感覺很接近慈善組織協會的友愛訪問：不以專家學者的姿態，而是以朋友身分去拜訪居民。

慈善組織協會在美國

慈善組織協會的活動後來從英國傳到美國。倫敦的慈善組織協

圖2—在啟動福島縣豬苗代町「初始美術館」專案之前，我們所展開的訪談。社區設計專案初始時，我們大約訪問了近百名在地居民，也藉此結識了不少地方上的朋友。

會成立四年後，一八七三年在美國誕生了「德國人街救濟協會」這個慈善組織協會。另外在一八七七年，水牛城也出現了慈善組織協會，忠實地沿襲倫敦的方針展開事業活動。美國的慈善組織協會活動一直持續發展，一九一〇年代有個案手法[7]（注3）、一九三〇年代有小組工作手法[8]、一九四〇年代則有社區組織手法[9]，落實為完整體系。在社會福利領域的社會工作框架漸趨完整。

社區組織的目的之一是「團體間的合作[10]」。地方社會上雖然有各種團體或組織，可是往往這些團體組織都沒有聯繫。所以連接這些團體或組織，彼此協調、一起解決地方的社會問題可說非常重要。

社區設計現場也非常需要這種合作。我在廣島縣曾經協助的「瀨戶內島之環二〇一四」事業中，結識了廣島縣面對瀨戶內海的十個市町中超過一百五十個團體，但是大部分的團體都沒有與其他團體一起活動的經驗。其中也有理念極接近的團體，或者某個團體困擾的問題其實其他團體有可能解決等狀況。於是我們試著為這些團體牽線，設法讓他們透過合作來規畫出有利於地方的計畫，結果確實催生出許多有意義的計畫。這讓我再次深刻體會到，現在的日本也相當需要從慈善組織協會傳承到社區組織的「團體協調機能」。

另外，日本在一九〇三年召開第一屆全國慈善大會，一九〇八年由澀澤榮一擔任會長，成立

7 譯者注：case work。
8 譯者注：group work。
9 譯者注：community organization。
10 譯者注：intergroup work。

了中央慈善協會。中央慈善協會的主要事業有：①慈善救濟相關團體之間的相互連絡；②媒合團體與慈善家；③國內外慈善事業的案例調查；以及④發行雜誌、舉辦演講等。由此可知，這個協會承襲了英國和美國慈善組織協會的傳統，也跟我們的工作有極近似的內容。這種趨勢從中央社會事業協會傳承到戰後的全國社會福利協議會。最近 studio-L 接獲不少社會福利協議會的工作委託，理由或許正在於此。

睦鄰運動

慈善組織協會的活動建立於「貧困問題應該靠個人努力來克服」這個概念下，相較之下，睦鄰運動則認為「貧困原因不僅在於個人努力不足，更是社會結構出了問題，所以需要社會改革」。因此，有人開始展開活動，讓知識分子開始入住許多貧困者居住的社區，跟居民一起解決當地的社會問題。由於活動主軸為知識分子入住該地成為鄰居，因此被稱為睦鄰運動。

發起活動的是愛德華・丹尼森[11]這名青年。他在大學時期閱讀湯瑪斯・卡萊爾的著作，開始關注社會問題。一八六六年他加入困窮救濟協會，主要在東區展開活動，不過短短半年後就因為健康原因以及感覺到活動的侷限而離開協會。他反省這次經驗，隔年再次進入東區，這次他入住該區，開設了勞工教育學校。當時英國還沒有官方推行的初等教育，所以東區的兒童幾乎都沒有就學。丹尼森看清了這種因為缺乏學習機會引發的貧困連鎖效應，決定跟居民一起學習。

在此獲得的經驗，讓丹尼森認為知識分子和富裕者住在貧困地區，可以同時達到「給貧困者學習機會」以及「讓知識分子及富裕者認識貧困的真實樣態」，是一種重要的體驗。他覺得藉此不但可以培育有能力脫貧的人，也可以讓知識分子及富裕者親身體驗到社會改革的必要性。

這一天，青年丹尼森終於獲得暢談自己理念的機會。羅斯金邀請他到家作客，同席的除了羅斯金還有艾蒙德・霍蘭德、約翰・理察・格麟[12]，都是當時認為社會改革不能缺少教育這一環的人物。這一天他們四人對於「大學教師和學生應該入住貧困社區，跟當地居民一起解決地方上的問題」這一點，獲得了一致共識。

之後丹尼森迫不及待地推動社會事業。一八六八年他時年二十八歲，獲選為國會議員，隔年他雖然接下甫成立的慈善組織協會委員一職，卻在一八七〇年因為健康因素英年早逝，得年三十歲。

繼承丹尼森遺志的是在羅斯金家與他意氣相投的霍蘭德。霍蘭德推薦山繆・巴奈特來做丹尼森曾經活躍的東區地方上的神職工作，負責對大學教師和學生倡導居住在當地的重要性。

巴奈特是在東區與奧克塔維婭・希爾等人，共同參與慈善組織

11 譯者注：Edward Denison，一八四〇－一八七〇，英國慈善家。

12 譯者注：John Richard Green，一八三七－一八八三，十九世紀英國歷史學家。

13 譯者注：Hampstead。

圖3－一九〇五年的山繆・巴奈特（左）和亨莉塔・巴奈特（右）。巴奈特夫妻在倫敦東區白教堂區設立了湯恩比館，也在倫敦郊外實現了漢普斯特德13田園郊區這樣的住宅區。

協會成立工作的人物，後來與希爾的支持者亨莉塔．羅蘭結婚（圖3）。受到霍蘭德推薦成為神職人員的山繆．巴奈特和妻子亨莉塔．巴奈特馬上進入教會，推行因應貧困的一連串對策。可是東區居民只想著接受，一旦發現不能拿到救濟金或食物便大發雷霆，開始對教會丟石頭、打碎玻璃窗。

學生深入地方的意義

亨莉塔夫人面臨這樣的狀況相當煩惱，於是找了大學時代的朋友商量，因而獲得了呼籲母校牛津大學學生入住東區的機會。帶來這個機會的大學朋友就是阿諾爾得．湯恩比的姊姊（注4）。巴奈特夫妻前往牛津，號召學生入住東區、從事社會改革。

阿諾爾得．湯恩比當時是牛津大學學生，他最快響應號召，決心住進東區。他在大學裡被羅斯金的課堂打動，正在思考自己能為社會做些什麼。羅斯金在課堂中曾經帶領他們參與道路工程，因此他也充分了解親至現場體驗的重要性。

羅斯金的課堂精神不只認為應該在大學裡學習抽象概念，更重視親身面對地方上社區的具體問題，因此很多學生都參與了牛津大學周邊的道路工程。不過施工的學生都不具備道路工程相關技術，據說完工結果並不理想。其中也有不怎麼認真的人，或者像王爾德[14]這類因為沉醉於挖出的泥土顏色之美，花了很長時間只顧著滔滔闡述的學生。湯恩比在校外的實踐中，想必也學會了許多引導這類學生的方法。

我目前也兼任大學的教師，經常會接觸到學生參與實務、發揮能力的場合。除了在大學裡上課，讓學生實際參與studio-L的社區設計實務，可以讓他們培養出過去從未意識到的責任感，有些學生會主動擔任協調角色，也有人開始願意製作盡善盡美的資料（圖4）。此外，由於學生知道參與實務可以學到許多，往往遇到其他機會都會願意積極參加。確實有學生可以在這種實踐場域中不斷提升自己；我不難想像，當年的湯恩比應該也是這類型的學生。

學生深入地方，順利的話對學生而言等於獲得了廣大的學習場域，對地方上的居民來說則有機會掌握解決問題的線索。當studio-L的前身「生活Studio」在大阪府堺市的環濠地區展開活動時也感受到了這一點。我們除了感受到在當地結識的商店街夥伴漸漸湧現幹勁，同時「生活Studio」帶來的學生成員學會的事也愈來愈多。不僅如此，外來的學生還發現了許多本地人未曾注意過的地方魅力，進一步提出運用這些魅力來克服地方問題的專案。由於期待能產生這種加乘效果，東北藝術工科大學的社區設計系也希望能積極將學生送到現場。

14 譯者注：Oscar Fingal O'Flahertie Wills Wilde，一八五四－一九〇〇，愛爾蘭出身的詩人、劇作家。

圖4－參加穗積製材所專案的學生。透過親臨現場，累積到學校課堂無法提供的嘗試與錯誤歷練，每個人從中都有所成長。

湯恩比館

一八七五年起入住東區的湯恩比，跟勞工一起舉辦讀書會、討論地方上的種種問題。透過這些經驗，湯恩比深深感到必須在地方上有一個能進行勞工教育和提升意識的設施。此外他也開始思考，資本主義社會的抬頭和工業革命的影響如何製造出貧困者，而以往的救濟為何無法順利收效。

一八七八年大學畢業的湯恩比，一畢業後立即成為牛津大學的講師，講授關於英國工業革命的光明與黑暗。此外他也參與各地工會組織化的支援和關於勞工問題的演講。原本身體狀況就不甚理想的湯恩比，很遺憾地也跟丹尼森一樣在三十歲就離開了這個世界。在他過世後有人整理湯恩比講義錄，出版了《十八世紀英國工業革命講義》[15]，一般認為「工業革命」這個詞彙便是因為這本書，而走向大眾化。

圖5—現在的湯恩比館。經過數度擴建，增加不少建築體，不過當初巴奈特夫妻設立的建築物依然存在。這棟建築物前方利用了第二次世界大戰時空襲造成的窪地整理出一片廣場。如果當時空襲位置稍有偏差，現在應該就看不到這幢建築物了。

湯恩比死後隔年，牛津大學和劍橋大學的有志學子成立了「大學睦鄰協會」，在東區創立了世界首座睦鄰之家[16]。在學生和亨莉塔·巴奈特的強烈期望下，將這座睦鄰之家命名為「湯恩比館」。首任館長為山繆·巴奈特（圖5）。

湯恩比館所推動的睦鄰運動可大致分為五類。首先是教育事業，包括大學的公開講座、夜間講座、少年社團和週日學校、暑假田園活動等；其次為生活改善事業，例如舉辦展覽和音樂會等的文化活動，以及提供法律諮商和創業諮商的諮商事業；再來是對居民組織的支援，例如支援工會組織化還有罷工行動；接著是參政，從當地選出議員，在市議會中提出要求；最後是喚起輿論，進行社會調查，根據其結果舉辦討論會或演講，形成社會對改善貧困地區的熱烈輿論。湯恩比館的主要活動便是跟當地居民一起實踐上述事業。這些睦鄰運動的特徵通常會用三個R來表現——分別是Residence（居住）、Research（調查）、Reform（改良）。

入住、長期居住

我們執行社區設計業務時，跟每個地區的來往方式都不盡相同。有時候會像睦鄰運動這樣入住當地，跟當地居民一起活動，有時則每月到當地一次、協助活動進行。要採用何種方法來支援地區，必須要先至當地調查，掌握狀況後，再考量事業預算以及當地居民的意願等要素後，才能

15 譯者注：*The Industrial Revolution in England*。
16 譯者注：Settlement House。

決定。如果有需要，我們也會派員工住在當地支援活動。studio-L的員工曾經在島根縣海士町居住兩年，組成支援聚落的團隊、擬定支援計畫（圖6）。員工離開島上後，聚落支援團隊依然持續活動，參與地區新聞復活和建構災害對策等。

我們在大分縣豐後高田市則改建了商店街的閒置店鋪，作為支援市民活動的空間（圖7）。總共有一位學生和三位年輕的社會新鮮人在這裡住了一年，聆聽來到商店街的人面臨著什麼樣的問題，並且一起摸索解決方法。後來有一位繼續留在當地，為了解決地區問題而自行創業。

另外在三重縣伊賀市的島京地區，我們在製材所內創設事務所，十位studio-L員工在此入住兩年。同時也有幾位學生以實習生身分來到該事務所，所以當地方上需要年輕人力時，就會叫上我們的員工跟學生，一起參與地區的活動。漸漸地，大家把地區上各種問題都帶到事務所來商量，這裡成為收集網路資訊、跟地區居民溝通討論的空間。暑假時我們會聚集當地小學生開課，就像湯恩比館的少年社團或週日學校一樣（圖8）。我們從事社區設計時採用入住當地支援地區的方法，都是因為認為湯恩比館的實踐裡有許多值得學習之處。

另一方面，有時候我們不見得會入住當地，可是展開專案時會跟學生們在當地短居一段時間，以外來者的觀點試圖挖掘當地的魅力。這時就不像慈善組織協會那樣會到受訪者的家中或職場進行友愛訪問，我們會跟學生一起走訪當地，看到自己覺得有吸引力的地方便拍下照片，然後跟當地居民一起觀察這些照片、進行對話，希望與他們成為朋友。

在兵庫縣家島地區活動時，我們跟三十位學生以一週時間為單位一起探訪該島，站在外來者的觀點找出地方魅力，整理成《探索之島》這本冊子，提供給居民（圖9）。之後也陸續在大阪府箕面市舉辦了「探索之里」、在宮崎縣北部五町村舉辦「探索之頂」、在京都府笠置町舉辦「探索之里」，開發出幾個跟學生一起探索各地，跟當地居民共享結果、建構關係的專案。

藝術與睦鄰運動

湯恩比館舉辦過許多課外活動，其中之一是創設於一八九六年的湯恩比藝術俱樂部[17]。這個俱樂部的活動包括參觀美術館鑑賞作品，還有機會獲得一流藝術家的指導。另外在一九〇一年，巴奈特夫妻設立的白教堂藝術藝廊[18]在湯恩比館附近開幕（圖10）。藝術俱樂部除了可以讓人在此欣賞作品，一九〇九年起每天在這個地方都會舉辦藝術俱樂部的展覽。

這些嘗試都可看出巴奈特深受羅斯金的影響。湯恩比館進行的藝術教育，目的並不在培育藝術家，而是希望能讓參加者感受到具有人性尊嚴的生活樂趣。透過在藝術俱樂部中的共事，也加強了跟參加的地區居民之間的連結。

在創作的現場很容易跟居民之間產生連結。我負責的研究所討論課學生因為參與了studio-L的專案，在求學生涯途中開始定居香川縣小豆島町。她跟當地居民一起創作巨大的藝術作品，之後也繼續參加作品維護和居民的聚會（圖11）。活動起源雖然是學生睦鄰運動，不過參與作品製作的人之間很容易建立起堅定的關係，進而對島的未來激盪出種種討論。這位學生研究所畢業後到小

17 譯者注：Toynbee Art Club。
18 譯者注：Whitechapel Art Gallery。

圖8	圖6
圖9	圖7

圖6—員工住在海士町的町營住宅，在這裡入住兩年，協助海士町的地區營造。以海士町公所為據點，負責協助村落協助員、推動綜合振興計畫。

圖7—打造豐後高田市事務所的員工。把商店街閒置店鋪當作事務所，在這個據點協助地區營造。將閒置店鋪改造為事務所時，當地居民就已經開始伸出援手。

圖8—穗積製材所專案中的「私塾計畫」。員工和實習生跟附近小學生一起思考暑假功課。藉此讓地區居民也成為穗積製材所專案的支持者。

圖9—兵庫縣家島地區的「探索之島」。來自島外的學生環繞島內，拍下有趣景物整理成冊。這本冊子成為島民了解外來觀點的重要關鍵。

豆島町公所就職，繼續參與小豆島的地區營造。湯恩比館的實踐經過一百多年後，得以在小豆島上透過創作遇見許多人、一起活動、活化地方，這讓我看著眼前的光景，卻不禁遙想到百年前倫敦的景況。

和藝術與工藝運動的關係

威廉・莫里斯的弟子、相當活躍的查理斯・羅伯特・艾斯比在就讀劍橋大學時曾經在湯恩比館主持閱讀羅斯金著作的讀書會（圖12）。當時閱讀的是羅斯金寫給勞工的《給英國工人的信》和《時與潮》[19]，一邊閱讀一邊跟參加者討論新勞工社區該有的樣貌。艾斯比也主持了美術實務教室，所以跟學員一起負責了湯恩比館的餐廳裝飾。對參加者來說，這是一個可以實際體會讀書會中所學和裝飾實務的好機會。艾斯比也跟此時的成員一起設立了「手工藝行會學校」。

一八八八年，手工藝行會學校借用湯恩比館附近的倉庫開始營運。延續湯恩比館時代的傳統，從教育還不夠熟練的勞工開始，等到學會工作之後再提供實踐機會，希望藉此讓當事人能夠自立生活。雖然是學校，但除了教育之外同時亦致力於實踐的態度，也影響了艾斯比在芝加哥結識的法蘭克・洛伊・萊特，以及他所創建的學校兼工坊：塔列辛。

當然，我自己也很重視大學教育中的實踐，始終很關注在studio-L的實踐是否能帶來有效的

19譯者注：*The time and tide*。

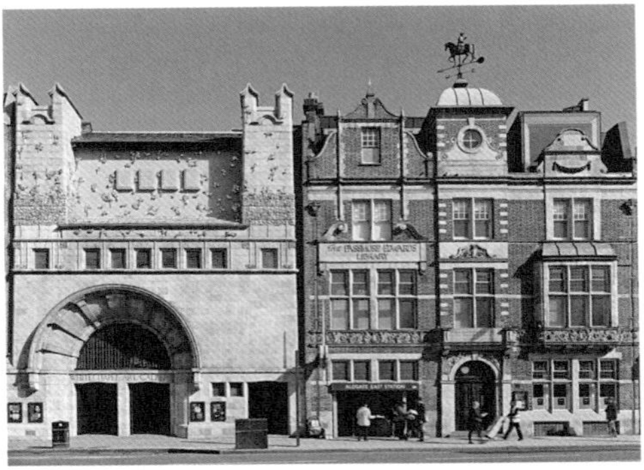

上圖10－現在的白教堂藝廊。以往被稱為白教堂藝術藝廊，現在更名為白教堂藝廊。在這棟兼設圖書館和藝廊的建築物裡，位於距離湯恩比館步行五分鐘的地方。

中圖11－在小豆島上所製作的瀨戶內國際藝術祭參展作品「醬油醬料牆」。把便當裡裝的醬油瓶貼滿整面牆，由居民參加一起完成。專案由studio-L的員工和京都造形藝術大學研究所山崎亮研究課的學生共同進行。

下圖12－二十歲的艾斯比。這時艾斯比是劍橋大學的學生，他醉心於威廉・莫里斯和愛德華・卡本特的思想。大學畢業後住進湯恩比館，負責解說羅斯金著作的課程，平日則是在博德利手下工作的建築師。

教育。大學和事務所強調的是「連結手腦」，但並非盲目地動手持續實踐，但也不是光動腦思考抽象的概念，將動手之後所感受到的實踐式反應確實連結到腦中，再根據思考結果在實踐場域中動手。如果沒有意識到要反覆落實這些過程，就會只顧及在現場的實踐，或者只埋頭在房間裡思考。不管是哪一種偏廢都無法帶來劃時代的新點子，也無法產生有魅力的活動。

手工藝行會學校的發展和極限

艾斯比的手工藝行會學校接到許多工作委託。每一次接單後在行會工作的人數都會增加。這種行會在當時的英國相當罕見，不僅男性、也有女性一起工作。東區許多勞工都參與了手工藝行會學校，極盛時期有兩百位勞工在艾斯比手下工作（圖13）。當時原以製作木工、金工、寶飾、皮革等工藝品為主，莫里斯過世後，他們買下部

圖13―艾斯比所設立的「手工藝行會學校」家具工坊。將湯恩比館附近倉庫作為工坊使用時，因為作業空間狹小，已經顯得侷促。於是艾斯比在一九〇二年離開倫敦，將工坊搬到奇平卡姆登村。

分柯姆史考特出版社的印刷機，僱用三名印刷工，成立了埃塞克斯館印刷[20]這間出版社。他們創造出的製品多為裝飾性較少的東西，簡約的設計深受許多人喜愛。學會技術的工匠指導年輕工匠，當上師父之後還可以買下行會的股票。後來也出現努力工作、提高行會價值，賣股票後終於得以自立生活的工匠。

行會除了勞動之外也重視休閒，舉辦音樂會、戲劇表演，還辦足球比賽、外出遠足。這些都是羅斯金和莫里斯標榜的理想工作方式，是跟當時的工廠勞工完全不同的工作型態。

成立手工藝行會學校後第十四年的一九〇二年，艾斯比帶著工匠和他們的家人共計一百五十人，將行會學校搬遷到奇平卡姆登村，讓一個小村落瞬間變身為藝術村。這裡的環境跟倫敦不同，有新鮮空氣和豐沛自然，寬闊的空間得以讓眾人自在工作。照理來說勞動和休閒的平衡應該比以前更好。

可是手工藝行會學校的經營卻一年比一年辛苦。由於當時的物流和通訊方法有限，離開都會區能接到的工作也少了許多。要運送完成品得花上不少時間，工作較少的時候在村子裡幾乎找不到其他代替工作。此外，都會區工廠也陸續製造並銷售類似的製品，因此手工藝行會學校接到的工作委託逐年減少。搬遷後第五年，一九〇八年時，艾斯比他們自主解散了手工藝行會學校。

二十一世紀的日本又如何呢？通訊和物流都特別發達的現代，還有必要在高地價、各種固定費用也昂貴的都會區繼續工作嗎？這當然要視職種而定。社區設計這份工作應該將據點設置於都會中心嗎？或者該遷移到山間地帶？目前還沒有明確的判斷基準。我試著將伊賀事務所設置在三重縣伊賀市的穗積製材所內兩年，也在山形縣山形市的東北藝術工科大學內設置了山形事務所，數度嘗試將事務所局部機能轉移到地方（圖14、15）上，但是為了移動到全國各地現場，至今還保留著方便搭乘飛機和新幹線的大阪據點，大部分員工都在此工作。

美國的睦鄰運動

睦鄰運動跟慈善組織協會一樣，也從英國傳到了美國。美國的睦鄰運動始於史丹頓・柯義特[21]於一八八六年在紐約創設的「睦鄰協會[22]」。不過美國的睦鄰運動是因為一八八九年珍・亞當斯[23]和愛倫・史達[24]在芝加哥設立的「赫爾館」而舉世聞名。創設赫爾館的亞當斯和史達在前一年一八八八年拜訪了倫敦的湯恩比館，剛好是艾斯比讓手工藝行會學校自湯恩比館獨立出來的那一年。亞當斯他們跟艾斯比在湯恩比館相遇，之後艾斯比也數度拜訪赫爾館。

20 譯者注：Essex House Press。
21 譯者注：Stanton George Coit 一八五七－一九四四。
22 譯者注：Neighborhood Guild。
23 譯者注：Jane Addams，一八六〇－一九三五，美國社會運動家。
24 譯者注：Ellen Gates Starr，一八五九－一九四〇，美國社會運動家。

右圖14—studio-L伊賀事務所的外觀。事務所設於製材所的倉庫裡。目前作為穗積製材所專案的事務所使用。
左圖15—studio-L山形事務所的外觀。事務所設於大學的倉庫裡。社區設計系的研究課有時會在這裡舉行。

赫爾館受到湯恩比館的影響，裡面有藝廊和工坊，也有不少藝術相關的節目。另外有芝加哥的藝術與工藝協會進駐也是一大特徵。赫爾館跟湯恩比館有不少交流，艾斯比成立的手工藝行會學校也曾經在赫爾館舉辦展覽。

一九〇〇年當艾斯比拜訪赫爾館時，見到了芝加哥藝術與工藝協會創辦成員法蘭克．洛伊．萊特。意氣相投的兩人之後也持續交流，一九一〇年萊特到英國拜訪艾斯比，請艾斯比替自己的作品集寫序。

美國的睦鄰之家在一九一五年共有五百五十所。除了保留英國對勞工和貧困者之社會教育的一面，另外睦鄰運動在移民眾多的地區逐漸興盛，企圖以各種節目來尋求民族同化。例如學習英語、日常生活規範等，重視不同民族共同生活的社會教育。

美國的睦鄰之家功能相當多樣，兼設了遊樂場、育兒所、繪畫工藝教室、圖書館、體育館、職業介紹所、銀行、共用廚房、大廳、畫郎、藥局、市民學校，還有訪問看護站。

我覺得這些功能告訴了我們：面臨人口減少時代的日本，在有人聚集的地方需要些什麼。當人口或戶數減少，不得不以精簡型地區營造為目標時，大家開始希望都市中各種生活機能都可以在步行可至的範圍內解決，正因為處於這樣的時代，街區中心該具備何種功能更顯重要。我們曾經在北海道的沼田町詢問居民，聚集在鬧區的人需要哪些機能，獲得的答案和美國式睦鄰之家的機能有驚人的相似程度。在地區福利重要性日益提升的現在，人口增加、大規模市郊化發生前的美國和日本所希冀的「貼近市民生活的設施」，都會成為我們今後的參考。

睦鄰運動的特徵

我認為睦鄰運動的意義應該有以下兩項。一是不將貧困視為個人或家族的努力不足，而是整個地區或社會的課題；另一項則是把在地居民展開活動的睦鄰中心（睦鄰運動的據點）之經營等，全部交給居民負責。這兩點帶給我們很大的啟發。

慈善組織協會認為貧困的原因出自個人和家族不夠努力，所以研究救濟他們的計畫，並持續將其付諸實行。但睦鄰運動則入住地方上，不僅著眼個人和家族，還要從社區整體下手。這樣的觀點跟社區設計也有共通之處。

我們所參與的社區設計專案並不企圖只讓當事人來解決當地顯著的問題，而希望跟整個社區一起摸索出解決方法。商店街的問題不只是店主的問題，公園冷清也不只是公園行政的問題，醫療設施不光是醫療從業人員的問題。假如所有生活與商店街相關的社區居民都一起來活用高架下的空間呢（圖16）？假如把公園視為社區共有的庭院，可以在此種些什麼呢（圖17）？社區居民平常希望在醫院做什麼？諸如此類，以社區觀點來看待地區的問題，舉辦多次工作坊跟地區居民一起討論，進行所謂「社會實驗」，從辦得到的地

右圖16—在愛媛縣宇和島市商店街實施的工作坊。我們召集市民，一起在現場思考如何利用商店街的高架下空間。根據在此想出的方案實際執行活動。

左圖17—在大阪府營泉佐野丘陵綠地跟市民一起種植水仙球根。市民參與過特定講座後，可以獲得「公園戰隊」的資格，在這塊綠地園區內從事綠化活動。

方開始著手。一邊動手一邊思考，增加一起執行的夥伴。我們所做的事跟睦鄰運動可說相當近似。

重視地區居民的自主性，當自主性達到某種成熟度，就把包含睦鄰中心在內的營運都交給居民，這一點相當別出心裁。當然，在東區等貧困者較多的地區，居民不太可能馬上展開具有主體性的活動。可是歷經長時間確認居民意識轉變、解決問題能力也提升後，睦鄰中心的營運便會採用居民的意見，將部分經營權交給居民。

這種方法也跟社區設計的實踐有共通處。我們希望一開始由studio-L的員工召集居民、舉辦工作坊，協助準備社會實驗，從旁照看讓居民漸漸認識地方的課題；經過幾年後參與活動的人可以自主形成組織，就算地方上沒有社區設計師，居民們也可以主動發現問題、思考解決方法，並且加以實行。由此也可以看出社區設計和睦鄰運動的共通點。

從慈善組織協會跟睦鄰運動學會的事

誕生於十九世紀英國的這兩個活動讓我學到許多東西。專案開始時我們不厭其煩地展開類似友愛訪問的訪談。或者進行類似大學睦鄰運動的嘗試，讓學生去探訪地方，連結在當地結識的活動團體，進行團體間的合作。若有需要也會在當地住上幾年、從事社區設計工作。跟當地人一起頻繁進行讀書會，思考如何能改善自己居住的地區。藉由創作物品、醞釀活動來建構人與人之間的連結，並且讓居民自己整頓活動的條件。假如參加者已經可以自己持續活動，就是我們將工作一一交接給他們、功成身退的時候。

我並不認為十九世紀的英國跟二十一世紀的日本完全一樣。可是「不可能只靠自己力量改變地區現狀」這種消極的心態確實極為類似。希望政府做些什麼的心態，跟過去倫敦市民期待教會施捨的態度很接近。正因為如此，我們才能從慈善組織協會和睦鄰運動的實踐中獲得許多啟發。

日本今後在醫療、福利、護理、長期照護、藥事，以及這些事業的連動性上，會發現日趨顯著的重要性。實踐社區整體照顧體系時，也愈來愈需要社區設計的概念。我希望將十九世紀英國前輩們歷經嘗試錯誤的成果運用在二十一世紀日本的社區設計上，盡量促進其發展。但願總有一天，社區設計的知見有機會對現代貧困問題做出貢獻。

注：

1 一八三四年的新濟貧法。

2 查爾默斯在一八一九年前往格拉斯哥的聖約翰教區赴任。在這裡進行的貧民救濟運動相當成功，查爾默斯跟許多視察者進行了交流。來自格拉斯哥東南部新拉奈克的羅伯特．歐文也是其中一員。一八二〇年查爾默斯跟歐文交換了意見，但雙方並未獲得共識。查爾默斯強調貧民本人應該努力，但歐文則主張環境改變也可以促成人的改變。之後歐文致信查爾默斯，提議舉辦公開討論會，但終究未能實現。

3 美國的個案手法是由活躍於巴爾的摩慈善組織協會的瑪麗．瑞奇蒙25所建構起來的。瑞奇蒙在一九一七年發表著作《社會診斷》26，確立起個案手法論。

25譯者注：Mary Richmond，一八六一－一九二八，美國社會活動先驅之一。

4 此時將阿諾爾得・湯恩比介紹給亨莉塔夫人的姊姊，是比阿諾爾得大四歲的葛楚・湯恩比[27]。

26 譯者注：*Social Diagnosis*。

27 譯者注：Gertrude Toynbee。

第四章

師姐　奧克塔維婭・希爾

1838-1912。在羅斯金的影響之下開始從事管理貧困者住宅的事業。她推動增加都市開放空間的運動，為了保護歷史建築和自然設立了國家名勝古蹟信託。圖為六十歲生日時朋友贈送給希爾的肖像畫，出自約翰・辛格・薩金特[1]之手。

Octavia Hill

女性的力量

我在社區設計的現場深切地體認到一件事，那就是女性在這個領域的重要性。不僅是指深入地方的社區設計師，同時，實際在當地活動的居民也是。不管站在哪個立場，女性都能有稱職的表現。

以社區設計師身分進入地方上擔負起部分責任的studio-L員工當中，女性的活躍程度也格外顯著。女性可以很快跟當地居民打好關係，也很擅長安撫向來頑固的老爺爺、增加夥伴。總是細心謹慎，不經意地協助活動進行。她們並不是高舉明確願景來煽動人，而是懂得如何讚美參加者的發現、提升士氣，從中逐漸為活動帶來生氣。這些人每每都讓我折服，覺得自己實在比不上她們。光是詢問漁夫大叔：「這是什麼魚啊？」就能分到十隻漁獲，這種技術我可沒有。女性的存在本身就很適合從事社區設計（圖1）。

在當地活動的居民也一樣。女性馬上會開始自我介紹、互相讚美，擅長結交朋友。這一點男性就辦不到。有些人可能會說：「其實只要我有那個意思也不是辦不到。」事實上就是辦不到。通常男性很難面帶笑容走近初次見面的人面前說：「你好，請多多指教。」且願意跟對方交朋友，因為他們心裡總覺得：「對方應該過來跟我

圖1—studio-L的專案領導人中有許多女性，大家都活力充沛。女性領導人參與的專案有很高的可能性做出有趣的東西。照片為在韓國舉行工作坊時所拍攝。

打招呼才對。」根據我個人的經驗，通常大企業部長以上職位、警察、大學教授都有「不善交際」的問題。身為男性大學教師，我總是相當戒慎恐懼。

目前為止我們談過了受到羅斯金影響的莫里斯和藝術與工藝運動，以及湯恩比和慈善組織協會及睦鄰運動。接下來我想介紹一位女性。她從事貧困者住宅管理，擔任開放空間運動的核心角色，也參與國家名勝古蹟信託的設立，那就是奧克塔維婭·希爾這位女性。對於擅自尊羅斯金為師父的我來說，前面提到我將莫里斯視為大師兄般的存在，那麼希爾大概就像我的師姐。同樣是羅斯金的弟子，跟莫里斯一樣，我單方面地將希爾視為競爭對手，但是她的女性身分其實也讓我深深覺得「沒有勝算」。

這一章中我想談談師姐希爾的工作與社區設計之間的關係。

希爾的家族

奧克塔維婭·希爾生於一八三八年底。她的祖父和雙親都參與過社會改革運動，可謂生在一個「社會運動家庭」中。父親詹姆士·希爾是受到社會改革者羅伯特·歐文影響的企業家，經營銀行，也設立了英格蘭最早的幼兒學校。母親凱洛琳·希爾是受到瑞士教育家裴斯泰洛齊[2]影響的教育家，對於家中米蘭達、葛楚、奧克塔維婭、艾蜜莉、佛羅蘭斯幾位女兒不斷灌輸「只要是

1 譯者注：John Singer Sargent，一八五六－一九二五，美國畫家。

2 譯者注：Johann Heinrich Pestalozzi，一七四六－一八二七。

正確的事，就該勇往直前」的概念。

母親凱洛琳的父親也赫赫有名，那就是湯瑪斯・薩斯伍德・史密斯博士[3]，他正是催生英國公共衛生法成立的醫師，換言之他是奧克塔維婭・希爾的外公，他跟羅伯特・歐文交情很好，歐文經常到他家拜訪。希爾在九歲到十四歲之間，父親的事業不太順利，所以她都在外公家生活，得以近距離觀察外公在公共衛生和社會改革方面的工作。

女性協同行會

十四歲時，母親當上了女性協同行會的幹部，希爾為了在這裡工作而離開外公家。這個行會是由受到羅伯特・歐文影響的基督教社會主義者約翰・弗雷德里克・丹尼森・莫里斯[4]所成立的合作社，這裡創造了由女性來生產強化玻璃的工作機會。母親在這個行會工作，希爾則負責在行會舉辦的「貧童學校」中學生所上的玩具製作教室擔任老師。當時還沒有義務教育制度，行會提供了貧窮孩子學習的空間。希爾的學生幾乎都比她年長，而十四歲的希爾透過與每一個人的對話來推展教育。

希爾擁有教育的天分。之後希爾說道：「我學會如何讓每個學生對課程感興趣。從她們所說、所做，搭配臉上的表情，我就能知道她們真正的心意。」希爾剛當老師時，教室裡經常有爭執，導致課程無法有所進展，另外也有很多偷懶的學生。她透過逐一對話達成共識，凝聚班上的向心力，實在相當了不起。

我有時會把大學裡的課程交給剛開始從事社區設計工作的年輕人負責。跟學生長久相處，就會發現學生們在課程和生活上出現許多問題，漸漸有許多抱怨。這時年輕設計師便需要有能力幫助學生推展對話，透過討論來解決問題。重要的不是由老師給答案，而是如何讓他們自己對話、找出解決方法，這可以說是社區設計的第一步。希爾在十四歲時就已經有了這樣的經驗。

結識羅斯金

羅斯金對希爾參與的行會很感興趣。女性製造強化玻璃、女學生製造玩具——羅斯金表示想去參觀製造現場，於是在工坊中現身。當時希爾已經讀過羅斯金的著作，成為他的粉絲，接獲消息高興得樂不可支。在工坊見到希爾的羅斯金發掘了希爾在藝術上的天分，告訴她希望提供教育機會，要她到自己家中。十六歲的希爾相當高興，持續到羅斯金家臨摹繪畫，後來還負責畫他書籍的封面和插圖（圖2）。

3 譯者注：Thomas Southwood Smith，一七八八－一八六一。

4 譯者注：John Frederick Denison Maurice，一八〇五－一八七二。

圖2—希爾在羅斯金指導下臨摹一五〇一年的肖像畫。這個時期希爾正在莫里斯和羅斯金帶領下學習教育和藝術。這兩人的影響帶給希爾獨特的感性。

當時希爾在信上這麼寫：「藝術工作是與人相關的工作，應該大家攜手一起進行。」可以看出她企圖在羅斯金手下進行的「藝術工作」和在教室中教導學生的「與人相關的工作」之間取得平衡。這跟社區設計希望找到「設計工作」和「社區工作」之平衡，觀點上也相通。

幾年後玩具教室關閉，希爾失去工作。當時莫里斯設立了勞工大學，邀請羅斯金和前拉斐爾派藝術家擔任講師（注1），另外也設立了給女性勞工的課程，由十八歲的希爾負責書記工作（圖3）。

諾丁罕廣場學校5

當時希爾一家都從事跟教育有關的工作。母親寫作許多教育方面的名著；妹妹艾蜜莉有教師執照；姊姊米蘭達召集了附近的兒童，擔任學校校長；希爾也一邊在勞工大學擔任講師、一邊協助羅斯金的工作，同時也舉辦繪畫教室。各自推行教育事業的希爾一家，漸漸開始集結在一個據點。那就是希爾的自家兼學校：諾丁罕廣場學校。這所學校接受少人數寄宿生，跟學生一起像家人一樣共同生活、學習。晚餐會時還會邀來希爾尊敬的莫里斯和羅斯金舉辦講座。也會聚集學生的母親，舉辦朗讀或合唱活動。

有一天，參加朗讀會的一位母親因為過勞而身體出了狀況，希爾送她回家。這時希爾第一次親眼見到貧困者住家的衛生狀況。溼氣容易蓄積的地下住宅，牆壁斑駁、滿滿的粉塵。希爾認為她應該馬上搬家，於是跟這位母親一起找新房子，可是卻找不到願意租屋給貧困者的人。

羅斯金意識的變化

希爾跟羅斯金商量了這種現狀。這時候羅斯金很信賴二十六歲的希爾，羅斯金也經常找希爾商量事情。比方說羅斯金的著作《芝麻與百合》[6]，這本書的骨幹是羅斯金兩度在曼徹斯特演講的內容，而羅斯金曾經跟希爾討論過演講的內容。「芝麻」是羅斯金的讀書論，而「百合」則是女性論，他與希爾討論後決定了內容。內容相當有意思。

羅斯金在「百合」中提及女性與男性的不同，他說到女性特別擅長跟家庭有關的工作。但他也提到，假如可以，應該繼續擴張這種能力，以家庭式的方法來巧妙統治世界。羅斯金認為女性的統治方法不像男性那樣充滿競爭和攻擊性，而是具備了共鳴和優美性。跟羅斯金討論過這些

5 譯者注：Nottingham Place School。
6 譯者注：*Sesame and Lilies*。

圖3—現在的勞工大學。莫里斯所設立的勞工大學起初位於紅獅廣場附近，運用已經關閉的女性協同行會工坊，成立勞工大學。之後因為勞工大學事業而擴大規模，搬遷到目前的地點。初期的講師有羅斯金、羅塞蒂、伯恩—瓊斯等人。

想法的希爾，想必也開始思考自己能做些什麼。

這裡再多談談羅斯金《芝麻與百合》這本書。羅斯金不僅提出了「百合」的可能性，同時也說到人類該從事的工作。首先，應該盡量簡樸自律地過日子；再來應該盡量完成「好工作」。這裡所謂「好工作」，第一是提供飢餓的人糧食的工作；第二是給人衣服的工作；第三是提供住處的工作；而第四是運用藝術、科學、思想等話題帶給人類愉悅的工作。羅斯金認為，愈多人從事第四種工作，就能給社會帶來幸福和希望。

這時希爾應該是決心要從事第三種「提供窮人住宅的工作」。在羅斯金心裡這也是比第四種「以藝術取悅人們」優先順序排得更前面的工作。當時四十五歲的羅斯金，意識正從藝術評論家轉變為社會改革者。羅斯金對希爾說：「假如能幫助人，隨時都可以放棄繪畫。」有很多人都認為這是因為「羅斯金感覺到希爾藝術天分的侷限所以勸她轉向」，不過當時羅斯金的興趣已經從藝術批評轉向社會改革，可能也是主因之一。

希爾找上羅斯金商量貧困者住宅問題，也是在這個時期。時機恰巧，剛好羅斯金繼承了父親的龐大遺產。他希望把這筆錢用於社會，找希爾討論了用途。希爾想了想，建議可以用在「提供窮人住宅」上，也就是羅斯金舉出的第三項「好工作」。

住宅管理

羅斯金和希爾找到的住宅是沒有院子的房屋。希爾很想挑選有院子的住宅，可是一聽到房子要出給窮人，很多屋主都不肯出售。因為屋主可能在附近也有其他土地，他們擔心窮人入住當地會導致周邊土地資產價值下跌。最後他們找到的是距離諾丁罕廣場步行五分鐘、沒有院子的三棟住宅。羅斯金對希爾說：「讓我們從小的目標著手，慢慢培育壯大。」（圖4）。

羅斯金要求這項事業必須能獲利。如果希望進一步開展事業，沒有獲利就不可能繼續推展到其他地區。如何支付新屋主羅斯金年利率百分之五的紅利，成為希爾的一大課題。

希爾數度造訪這三棟住宅，跟住戶對話。這裡的住戶多半沒有固定工作，只能偶爾找到低報酬的零工。他們通常是一大家子住在一起，小孩成天打鬧或發呆。走廊、樓梯和洗衣場等共用區域由希爾負責打掃和修繕，可是住戶使用習慣太糟，馬上會弄髒弄壞。

這樣的情況讓希爾發現住宅問題的癥結不在建築物本身，而在住戶的心態上，於是她決定以週為單位收取租金，盡量增加跟住戶見面的機會，告訴他們如果仔細使用共用區域，降低打掃和修繕費用，租金就會漸漸減少。另外她組織起用戶的女兒，把共用區域打掃工作發包給她們。儘管薪資不高，她們還是開心地接下工作。住戶漸漸開始信任希爾，也了解只要愛惜房子就可以慢慢減少租金。

圖4－羅斯金和希爾當時找到的三棟住宅現在還保留著。名為「天堂廣場」面對死巷的這棟住宅當時有八間房、住了三十七個人。

希爾的方法極具教育意義。她先教育住戶的那些女兒，再由她們去教育大人。這正是社會教育的流程。由出身於教育家庭的希爾來管理提供給貧困者的住宅，這正好是個可以讓她充分發揮實踐經驗的舞台。她經手過的專案最具特色的一點，就在於並不新建住宅、而是採漸進方式數度進行局部翻新。把老舊住宅拆毀新建固然輕鬆，可是這麼一來房租便會提高，原本的住戶將無法繼續居住，無法嘉惠貧困者，同時人與人之間的連結也會就此斷裂，使得社區瓦解。假如是局部翻新，就可以由住戶通力合作來完成，大家也可以從中學習到許多，並且凝聚社區的向心力。這是一個顯示社區設計與翻新親和性之高的模範事業。

前面三棟順利進行後，希爾陸續增加提供給貧困者的住宅。她買下有庭院的住宅，改造房屋為社區中心，在此開設縫紉教室、合唱教室、繪畫教室。儘管不是自己任教的時段，希爾也會坐在那裡聽住戶說話。這個地方漸漸成為住戶聚集的空間。她改造庭院，集眾人之力打造出兒童遊樂場，還僱用遊戲領導人教導孩子玩遊戲的方法。後來住戶也開始自己舉辦演講、講習會等新節目。

希爾認為，「住宅問題不是建築物的問題，而是生活方式的問題」。生活方式則是人們意識的問題。社區設計的現場也經常遇到比起打造空間，改變相關人士意識和行動更顯重要的例子。我們在東京都立川市參與的「兒童未來中心（注2）」，為了在當地社區推展各種活動，也指派了三位類似希爾這樣的協調者（圖5）。大阪市的「阿倍野HARUKAS近鐵本店（注3）」則派遣了兩位studio-L員工常駐，在與百貨公司相關的社區之間負責協調。她們常駐在設施中，平常就與設施利用者和社區居民進行對話。每天所做的事跟希爾管理住宅時的嘗試很像。累積這些對話，漸漸便能讓不同社區之間產生關連，也提高自主性，創造出新的活動。

這麼一說，立川的三名員工和近鐵的兩名都是女性。最近近鐵又增加了一名男性員工。我也帶著祝福的心情，期待觀察他能有什麼樣的表現。

慈善組織協會

一八六九年，希爾三十歲時在倫敦設立了慈善組織協會。這個協會由羅斯金支付了三分之二的設立費用，當然希爾也參加了此協會。過了一陣子，希爾在協會內發表「不施捨的濟貧之重要性」的論文。她強調富人不應該只是提供貧困者物資或金錢，而應該思考幫助貧困者工作、脫貧的方法，並且加以實行。

她發表的內容獲得一些人的支持。慈善組織協會中有一位首次設置地區委員會、重視實際活動的弗里曼特牧師。他邀請希爾參加地區委員會的工作。希爾高興地應允，立刻進入該地區展開活動。

希爾的方針明快。她並不把錢和物品發放給地方上的貧困者，而是請他們工作。但是一開始當地居民相當反對。以往什麼也不說就可以獲取許多物品和金錢，但是這個地區的新女性負責人卻要我

圖5—常駐立川市兒童未來中心的三名員工都是女性。她們的工作在於搭起來館的小孩子與地區市民活動團體之間的橋樑。

們工作？貧困者展露出敵意，開始用盡各種方式干擾她。希爾並不服輸、勇於面對，花了兩年時間跟他們對話、尋求理解。她曾經在信上寫道：「我想做的是社會教育。我希望矯正那些習慣接受別人施捨的人。」她依然將自己的工作定位為教育的延伸。

接觸貧困者時，希爾並不會將他們視為與自己階級不同的人。正因如此，她才會認為自己和他們都一樣，「與其從社會上接收什麼，更重要的是自己能夠提供給社會什麼」。漫無目的的援助只會讓接受援助的人墮落，提供援助的人也只是陷入自我滿足而已。她並不喜歡發放金錢或物品給貧困者，同樣地，她也討厭貧困者因為政府不再發放金錢或物品就抱怨的態度。她提供工作、幫助他們找到夥伴，希望他們可以相互支持、讓社區得以自立。她所提供的協助正如同那句俗話：「面對飢餓的人，給他一條魚不如教他如何釣魚。」

這個道理也可以套用在社區設計現場。參加工作坊的居民為了地區營造而企畫活動。實際上到了執行活動的階段，一定會有人提出這樣的意見：「政府不補助活動費用嗎？」我們試圖說明：「既然是由大家一起來實現自己想做的事，就請大家自己出錢，像參加社團活動一樣樂在其中。所以擬定計畫必須控制在可行的範圍內，否則事後可能會很棘手。」一開始多半會有許多反彈。但是運用地方政府資金、增加許多高高在上帶著「我來替你們搞好地區營造吧」態度的市民，也不會有好結果。企畫一個不合身的活動、申請預算、下單給業者，最後實施花俏的活動。這麼一來只會形成另一個專門下單的業者的行政組織。

然而更重要的是，應該要打造一個自己可以樂在地區營造的各種活動中的組織，逐漸增加「儘管有各種嘗試錯誤、也能享受其中樂趣」的夥伴人數。我們會把這種理念告訴市民，可是也有人始終無法認同，不再參加下一次工作坊。但留下來的都是贊同我們的想法而持續參加的人，動作當然也較為迅速。不過幾年後，當初突然不來的人也可能再次出現、成為夥伴，這讓我覺得這份工作實在有趣、難以放棄（圖6）。

希爾跟貧困者的對話持續了兩年。漸漸地，當地的狀況有了大幅改善。貧困者開始展現具有主體性的行動。弗里曼特牧師非常高興，他想將這套方法應用在其他地區。於是他跟希爾一起思考，什麼樣的人才適合這類工作？應該是可以跟負責地區的貧困家族交朋友、變得親近，共享那個家族的喜怒哀樂，成為真正朋友的人才。要找到這樣的人才並不容易。

studio-L也因為這個問題煩惱了很長一段時間。該如何找到適合從事社區設計的人呢？一個在人前雄辯滔滔的社區設計師不得居民歡心；反過來說，不擅長在人前說話的社區設計師卻能獲得居民的信賴。不管是哪一種人，重要的是能不能享受這份工作，有沒有具備不管是遇到開心、悲哀的事，都有辦法轉變為樂趣的力量。在studio-L長久工作的人有個共通點，那就是具備這類力量。希爾看來也是具備這種力量的人。母親凱洛琳對於希爾的工作曾經這麼評論：「她總是進進出出，像隻蜜蜂一樣，一邊工作一邊很幸福地呢

圖6—地方上的女性大大活躍的佳木島「港區茶屋」。地方上的女性往往具備在自己能力範圍內享受活動的技術。很遺憾地，男性往往會習慣先問：「有預算嗎？」

喃。明顯享受在她的工作中。這一點也跟蜜蜂很像。」

三十五歲時，希爾開始走入東區。當時在東區有位神職人員叫做山繆·巴奈特（圖7）。以前曾經擔任弗里曼特牧師的副牧師的巴奈特，跟希爾的得力助手亨莉塔·羅蘭結婚（圖8）。剛好在這個時期，聚集在羅斯金家的丹尼森和霍蘭德等人發起了睦鄰運動，霍蘭德推舉巴奈特出任東區的神職工作。於是巴奈特夫妻開始在東區展開活動。如同前章所述，妻子亨莉塔·巴奈特的老友是阿諾爾得·湯恩比的姊姊，因為這層關係，湯恩比也開始在東區實踐睦鄰運動。之後，為了紀念英年早逝的湯恩比而設立湯恩比館時，擔任首屆館長的就是山繆·巴奈特。於是，希爾開始接觸東區，跟她過去的左右手亨莉塔一起推展慈善組織協會的活動。

共有地保存協會

希爾推動貧困者住宅管理專案時，有了幾個發現。一是她透過拜訪住宅、數度跟居民談話，漸漸能夠掌握人們的心情。在慈善組織協會中也確立了「友愛訪問」的手法，以好友的身分拜訪居民、成為他們的聊天對象，由此展開支援。另一個發現是：她在管理住

右圖7—一八七三年的山繆·巴奈特。這時剛好跟亨莉塔結婚。
左圖8—四十多歲的亨莉塔·巴奈特。作為奧克塔維婭·希爾得力助手的她，因為太尊敬希爾，特別把自己的名字改為亨莉塔·奧克塔維婭·魏斯登·巴奈特。

宅時察覺到擁有共用空間的居民之間，人與人會比較容易產生連結。不管是共用廚房或者客廳都好，要是有社區中心或者禮堂就更加理想，庭園或兒童遊樂場也行。無論如何，重要的是除了個人住宅，也要有能跟大家都有關係的空間，這樣一來所有人就可以聚集在此，實施教育計畫。

三十七歲時，希爾所管理的住宅旁的空地開始有人前來開發。希爾原本在這塊空地跟住宅居民一起享受休閒時光、與孩子們一起遊戲。她很擔心這塊共有地被開發為住宅或道路，於是就找了隸屬於共有地保存協會[7]的律師羅伯特．杭特[8]商量。他們倆開始展開保護共有地的活動，遺憾的是後來手續辦理因為晚了幾天，空地開發還是執行了。

有過這次經驗後，希爾開始動念想在都市裡盡量確保能有多一些給窮人利用的開放空間。這是一種「提供給窮人的屋外起居室」的想法。她又將空間整理為「小坐、遊戲、散步、度過一整天」等四種。貧困者往往在充滿噪音、惡臭、粉塵的工廠工作，又住在過密、衛生條件不佳的住宅。因此，需要讓這些人能夠擁有可以接觸新鮮空氣、沐浴在太陽光下，從遊戲中學習道德，並沈浸於自然之美的地方。

此外，希爾認為不止都會區需要這類開放空間，位於其外圍的田園區域也需要善加保存，田園部的共有地不應該被地主所圈圍，應該是任何人都可以自由走進去使用才對。長長的散步小徑可以讓窮人與富人都在上面行走。從都會區也可以經由散步道走到田園的共有地。環繞都會區的綠帶的存在能給生活在都市中的人帶來富足、創造願景。

7 譯者注：The Commons Preservation Society。
8 譯者注：Robert Hunter，一八四四－一九一三。

希爾認為，這種開放空間不應僅是放置不管的空地，還需要地區居民實施適切的管理。這跟希爾透過管理方式重新活用古老住宅是出於同樣的思維。她相信開放空間也可以透過管理來提升魅力。這種想法跟現今的公園管理，在想法上也有共通處。為了實現這種未來想像，希爾也進入了杭特隸屬的共有地保存協會。

希爾和杭特在共有地保存協會中的工作大致如下：①當某一塊共有地可能消失時，希爾馬上投書媒體、喚起輿論注意；②杭特研究法律層面，提出購地計畫；③為了讓相關的各個地方政府支出部分購地費用，進行縝密的計畫研究；④當各地方政府表明願意支付部分費用時，希爾便會在報章雜誌上發起募款、募集不足的款項。透過這些活動，有人開始號召：倫敦市內也應將空地用作共有地，對地區居民開放。希爾把這些土地用作公園或廣場，跟當地居民一起管理。

我們過去參與過的「共有農園」專案進行方式也相當類似。這個專案是將南大阪市北加賀屋地區的大地主千島土地公司持有的空地，逐漸變成社區農園的專案（注４）——當時若非有千島土地的理解，此專案也不可能付諸執行。而今他們提供了兩塊土地給社區農園，跟地方ＮＰＯ（注５）一起管理讓地方上的居民使用的農園（圖９）。這個「共有農園」專案除了在農園的工作之外，也成立了烹飪教室和商品開發部，幾年前的空地現在已經成了地方居民合作共榮的舞台（圖10）。

成立卡爾協會[9]

神職人員巴奈特認為：「讓東區各種人受苦的沈重大石並非貧困，而是醜陋。」聽聞此話之後，希爾的姊姊米蘭達開始籌備成立「美感普及協會[10]」。她在國民健康協會的聚會上發表了該組織的設立宗旨。之後，因為有希爾的幫助，這項計畫獲得了許多贊同者的支持，後來便與這些贊同者一起成立了「卡爾協會」。卡爾是十八世紀詩人波普[11]所介紹的約翰・卡爾[12]，歷史上確有其人。最有名的事蹟是他致力於美化故鄉的行道樹和公園。

正如這個協會的名稱所代表的意義，卡爾協會是一個以美化行道樹和公園、散步道為目標的

9 譯者注：Kyrle Society。
10 譯者注：Society for the Diffusion of Beauty。
11 譯者注：Alexander Pope，一六八八－一七四四，英國詩人。
12 譯者注：John Kyrle，一六三七－一七二四。

圖9—「共有農園」的第二塊地。這座農園不是將空地分割、出借給個人的市民農園，而是將利用農園的社區組織化，組成不同團隊負責農園的管理、收成、烹飪之社區農場。

圖10—鄰近農園的活動據點。備有廚房、客廳，在這裡可以烹調、享用在農園收成的蔬菜。

團體，希爾負責會計，同時也隸屬於開放空間小組。共有地保存協會的同事杭特也屬於此開放空間小組，他們希望逐一確保空地的運用，並將這些資源整理為可自由利用的空間。

卡爾協會裡還有裝飾小組，幾位在威廉・莫里斯成立的古建築物保護協會中的成員都參與其中（希爾後來成為古建築物保護協會的榮譽會員）。裝飾小組裡有畫家伯恩—瓊斯和藝術工作者行會的中心人物、設立藝術與工藝展協會的沃爾特・克蘭恩等人參加，他們負責開放空間的設計，以及貧困者活動教室和禮堂的裝飾等工作。另外還有音樂小組，派遣聖歌隊和演奏隊到教會及禮拜堂。圖書小組則負責將書籍雜誌發送到濟貧院和貧困者的社團、學校等地。活動內容相當豐富。

與羅斯金失和

希爾三十九歲時，跟羅斯金的關係急劇惡化。當時羅斯金五十八歲，健康狀態不佳，精神上也處於緊繃狀態。希爾依然很尊敬羅斯金，但是推展住宅管理工作和開放空間運動時，她不再像以前那樣尋求羅斯金的意見，而羅斯金似乎也很在意這件事。最關鍵的一點便是他從傳聞中聽說希爾評論羅斯金是個「不切實際的夢想家，意見不太值得參考」。實際上我們並沒有看到希爾曾說過這些話的記錄，但是羅斯金對此大發雷霆，斷絕了與希爾的往來。

假如是年輕冷靜的羅斯金，應該不會做出這樣的決定吧。但當時羅斯金已經生病了。這件事帶給希爾很大的打擊。她在四十歲到四十二歲之間，精神上也瀕臨崩潰、不得不靜養休息。四十三歲時恢復健康的希爾，接到羅斯金的代理人的消息，表示他想賣掉最初那三棟住宅。希爾認為這麼一來就可以自己管理那些住宅，也很高興地接受了提議。

培育年輕人

四十五歲的希爾管理了倫敦市中心許多住宅。由於住宅管理工作太忙碌，她跟姊姊米蘭達商量，關閉了諾丁罕廣場學校，姊妹兩人全力投入住宅管理工作。她們也運用多出來的時間積極培育新人。希爾說過：「我們應該逐一因應個別住戶的需求。社會教育必須要一對一面對彼此才有可能實現。同時要達到目標，也需要歷經漫長歲月和眾多人力的投入。」她還繼續表示：「解決問題的關鍵不在體制，而在於人。」她說得一點也沒錯。所以希爾很快地展開積極培育人才的工作。

當時應該還沒有確立跟住宅管理相關的社工這份專業職務，所以希爾必須尋找其他領域活躍的人才，進而將其培養成社會工作者。這件事並不容易，因為必須面對已經有一套「既定工作方式」的人，矯正對方的習慣、培養成足以擔負社工工作的人。說不定培養沒有社會經驗的學生反倒來得簡單。

社區設計也一樣。加入studio-L的員工都是之前曾經做過其他工作的人，當然都有一套自己的工作方法，也會有自己心目中的常識。但是就算他們想直接發揮這些能力，在社區設計的現場也並不容易。畢竟是投入全新的工作，首先必須坦率地向這個領域的前輩學習。有時候甚至必須跟比自己年輕的人學習。不過如果不抱著謙虛的心態，就無法成為活躍於現場的社區設計師。

先把自己過去的經驗放在一旁，且要帶著從頭開始的心態來學習社區設計。最好能先累積現場經驗、漸漸了解工作內容後，再找機會施展從前的看家本領。不妨試著思考，上一份工作的經驗能派上什麼用場。要不然就無法成為地方上所需要的社區設計師。若僅是從自己能做到的事開始發想，只會愈來愈偏離地方真正的需求。

不過，儘管是暫時的，還是有很多人無法放下自己的經驗，因為「無法發揮自己的技術」憤然離開社區設計現場。看過幾個這樣的人，我不禁想，或許採用沒有社會經驗的大學畢業生更理想，於是從幾年前我漸漸開始跟大學畢業生一起工作。可是也有些年輕人會希望「活用自己所學專業」，緊抱不放自己大學幾年之間學會的專業知識。

既然如此，不如在大學裡成立社區設計系，從高中畢業就讓學生開始學習社區設計吧。帶著這樣的想法，我參與了東北藝術工科大學社區設計系的創系過程。從這裡畢業的人應該都會成為新世代的社區設計師，那是目前studio-L的任何一個員工都從未經歷過的世代（圖11）。

現在的成員都是途中轉換跑道開始從事社區設計的人。從建築設計事務所、從調查公司、從廣告公司、從出版社、從電視台，各自轉行成為社區設計師。但社區設計系的學生不同。他們從大學就開始學社區設計、體驗現場。從她們當中很可能誕生新類型的社區設計師。沒錯，「她」們——這個科系確實以女性占較多數。

身負這種培育人才的角色，自己便很少有機會去現場。希爾似乎也一樣，在她寫給親近朋友的信裡曾經這麼寫：「你們一定以為最近的我已經忘了貧困的人吧。其實不是的。我最近確實無法到現場去，所以無法清楚掌握他們每一個人的狀況。無法在現場見到他們的煎熬猶如一股尖銳的疼痛感。但我很清楚，人生的長度跟廣度都有限。跟住在貧困地區的人面對面接觸的工作，就暫時交給年輕的社會工作者們。我選擇能幫助更多貧困者的方法。我認為這樣的決定是正確的。但是有一天，當我不需要像這樣培育人才時，我也期待能像以前那樣，跟少數親近的人一起活動。」

我相當同意。總有一天，我也會再次回到社區設計現場，跟志同道合的朋友們一起不厭其煩的思考如何讓地方更有活力。

把工作交付給培育起來的新人

「不培養人才、直接委託工作，跟培養了人才卻不給他工作一樣愚蠢」。這句話說得沒錯，既然培養了人才，就應該交付適當的工作。這個道理大家都懂，可是要把好不容易拉拔、培養起來的年輕人送到遠方的現場，也叫人不捨。

希爾把自己的助理送到東區去協助在當地活動的巴奈特夫妻。她在信上寫道：「我打算讓我的新助理到東區去。她比我過去任何一位助理都優

圖11—在東北藝術工科大學社區設計系學習的學生。他們一開始學習的專業領域就是社區設計。很期待看到他們出社會後活躍的身影。

秀。如果她不在身邊，我應該會很頭痛吧……但我依然很樂意送她過去，因為現在東區比起這裡更需要她。我想她過去累積經驗也是一件好事。而我們也該繼續培養新的社會工作者了。」

我很能理解她的心情。我不禁想起，當我必須讓花了一番心思培養起來的員工搬到島根縣的海士町住時，或者又讓該名員工搬到三重縣伊賀市居住時的情景。這兩次都是因為在當地已經培養起所需的人才，所以才決定讓員工移居，但如果可以，我也希望能把人留在自己身邊繼續一起工作。另外，當時讓這名員工所培養起的兩名年輕員工移居到山形縣山形市時，因為很了解負責帶人的員工心情，我自己心裡也很不好受。可是在其他地方還有更需要她們的人；同時，我也認為這些活動都能夠帶給員工成長，才會痛下決心、讓員工移居。

希爾對於她手下負責住宅管理的社會工作者，並沒有設定嚴格的行動原則。她應該是覺得每個人運用自己的方法來管理住宅才是最好的方法吧。這種工作無法定型化。社區設計也一樣。假如社區裡的人開始覺得專案要依循著固定套路、只是在依照準則執行業務，那麼這樣的專案就不太可能順利進行。希爾是這麼告訴年輕社工的：「你們要自己面對工作，再小的地方也全都要親力親為。遇到問題就自己仔細思考。只有你們辦得到這件事。你們愈能脫離我自立，我們的事業就愈能在整個倫敦推展開來。」

對自己的工作負責。不管在任何時代，這一點都同樣重要。在社區設計的現場，有時候負責人會被居民痛罵，也可能會成為居民跟政府之間的夾心餅乾，居民可能會抱怨studio-L的做法。這時候能不能不歸咎他人，把一切一肩扛下、完成使命呢？其實居民也在默默觀察這些地方。這個年輕人是會向上司求救？還是會自己努力想辦法解決？換句話說，這些經驗都是一種洗禮。

居民其實都夠成熟，年輕的社區設計師年齡都相當於他們兒女的年紀。很多居民都在試探負責人到底有多麼把社區專案當一回事。這便是考驗一個人要畏縮、還是要坦然面對的時候了。正因如此，面對來問我「有人這樣跟我說，我該怎麼回答才好」或者「網路上有這些評論，該怎麼辦啊」的員工，我向來不會告訴他們簡單的解決方法，只是要他們「自己想辦法」。

希爾交代年輕人管理住宅時，在技術面要求他們做到完美。也就是住宅的衛生和財務。打掃樓梯、粉刷牆壁和天花板、管理排水設備、管理帳冊等方面，都必須做到無可挑剔。社區設計也一樣。不寫企畫書和報告書工作就不成立，做不好預算管理和時間管理的專案也無法成立，沒辦法製作資料或者完成設計，現場就不會有進度。若這些地方做得不確實，光是意氣風發地高唱「我要給鄉土灌注活力」，其實也什麼都實現不了。

國家名勝古蹟信託

希爾強力促成的開放空間運動，在共有地保存協會和卡爾協會中開放空間小組的努力之下，在英國各地製造出許多開放空間。每塊空間都獲得地主的理解，這些共有地沒有被圈畫起來，而是開放給地區居民自由使用。但要是遇到富人想捐贈開放空間的土地之情況，則沒有一個協會有辦法接受，因為每個協會都是無權利能力的團體。

為了克服這個問題，希爾和杭特決定設立新的團體。希爾提議把團體命名為「共有地和庭園信託」，而杭特則建議叫做「國家名勝古蹟信託」，這個新的法人後來取名為國家名勝古蹟信託。

當時已經在湖區從事共有地保存活動的朗恩斯利牧師也加入了他們。朗恩斯利牧師就讀牛津大學時曾經上過羅斯金的課，當時羅斯金介紹他認識希爾。因為這層關係，杭特、希爾、朗恩斯利這三人便一起成立了國家名勝古蹟信託。當時是一八九五年，希爾五十七歲。

知道這三人成立國家名勝古蹟信託的羅斯金，認同其旨趣寫了推薦文。儘管跟希爾不合，他對於希爾企圖做正確的事還是願意給予肯定。

捐款給國家名勝古蹟信託的多半不是富人。可是有很多人都在寄來捐款的同時，也附上言詞懇切的信函，這些人的心聲給了希爾很大的鼓勵。希爾對於捐款表示：「我不想勉強去要求、拜託對方些什麼，深怕破壞了捐贈者在善行中所得到的快樂。」這個道理放在社區設計也一樣。我們當然希望能增加多一點為了讓地方更好而參加活動的人，可是如果勉強把人拉進來，反而增加不了同好，也會減少活動的樂趣。我們很重視參與社區設計活動的這份快樂。

夥伴和家人之死

進入一九〇〇年代後，希爾身邊的人接二連三離世。首先是一九〇〇年羅斯金過世。他過世時，希爾對這位生涯導師羅斯金獻上了誠摯的謝意。接著在一九〇二年她母親凱洛琳撒手人寰。羅斯金和凱洛琳的死讓希爾意識到死亡其實離自己並不遠。

一九〇七年國家名勝古蹟信託法成立，其中關於國家名勝古蹟信託所保存管理的資產，法律以明文規定信託宣稱不可讓渡的資產將不可出售、抵押，任何團體也都不能開發。這都是希爾等人努力的結晶。

一九一二年，希爾在她七十三歲時離開了這個世界，距離羅斯金去世十二年、母親過世十年後。她留下了這樣的遺言：「當我離開這個世界，希望朋友們不要盲目因襲我的作法。假如狀況有變，一定需要不同方式的努力。必須永續傳承的是我們運動的精神，而非失去精神所徒留的形式。」一手打造出許多住宅的希爾還說：「不管看上去有多氣派，我最想留給這個世界的並非有形的物體，也不是過去的輝煌——而是敏銳的眼光和誠實的力量、希望實現更好生活的遠大希望及崇高理想，還有實現這些所必須具備的堅忍心志。」

奧克塔維婭．希爾的一生都企圖在與藝術相關的工作和與人相關的工作之間取得平衡。我們必須記住她曾經說過：「與人相關的工作最重要的不是他們住的建築、也不是管理的機制，而是參與該事業的人。」因為重視人，才不能夠沿襲失去精神所徒留的形式。必須因應時代、因應地點、因應對象而改變方法才行。成敗就牽繫在參與的人身上。思考社區設計這份工作時，希爾留下的這種觀點可說是我們珍貴的資產。

注：

1 莫里斯設立的勞工大學除了羅斯金和羅塞蒂之外，擔任講師的還有查爾斯・金斯萊[13]、路斯・狄更生[14]等人。

2 立川市兒童未來中心是一個以「協助育兒教育」、「協助文化藝術活動」、「協助市民活動」、「創造活力」、「補足行政功能」為其主要功能的公共設施。studio-L主要負責「協助市民活動」，對進行市民活動的團體提供活動協助和網絡的建構。

3 阿倍野HARUKAS近鐵本店在百貨公司內規畫了「城市驛站」這個空間，希望讓市民活動團體可以在此實施各種計畫。studio-L負責協助市民活動和賣場與市民活動的合作案等。

4 千島土地在「共有農園」之前也曾經在北加賀屋地區展開邀請藝術家進行各種活動的嘗試。結果讓原本工廠較多的北加賀屋地區因此匯聚了許多藝術家、設計師等創意人，改變了該地區的形象。這些嘗試被稱為「北加賀屋創意村構想」。

5 NPO法人Co.to.hana。

---

13 譯者注：Charles Kingsley，一八一九－一八七五，英國文學家、學者與神學家。

14 譯者注：Goldsworthy Lowes Dickinson，一八六二－一九三二，英國政治科學家、歷史學家和哲學家。

專欄3

堅強的女性亨莉塔

亨莉塔．巴奈特（Henrietta Barnett）

堅強的女性

亨莉塔．巴奈特是奧克塔維婭．希爾的得力助手，對住宅改善運動和慈善組織協會的活動大有貢獻，她又以山繆．巴奈特之妻的身分牽引著湯恩比館的睦鄰運動。光是這些就已經是了不起的功績；但除此之外，她之後還主導了漢普斯特德田園郊區的開發，被譽為全世界最成功的郊外住宅區開發案例。

距今百年多的英國，女性要在社會上達到這種程度的活躍一定相當困難。亨莉塔到底是個什麼樣的人。我詢問了在倫敦湯恩比館和漢普斯特德田園郊區結識的幾位專家，想探聽關於亨莉塔的事蹟，大家都異口同聲地說：「聽說她是位相當堅忍不拔的女性。」實在令人非常好奇。

亨莉塔．羅蘭

一八五一年，亨莉塔．羅蘭出生在一個富有人家，是八名手足中的么女。她的母親在生下亨莉塔十六天後就過世了，實際上她是由父親和兄姐扶養長大的。

儘管當時生長在富裕人家，女性依然無法享有教育和進入職場的機會。當然，在那個時代幾乎沒有女性能上學，亨莉塔主張她無論如何都要上學，所以在教室一角看著小學的課堂。從當時這件事蹟，就已經可看出她性格「堅韌」的一面。

十六歲的亨莉塔進入承繼了耳鼻科醫生兼哲學家詹姆斯．辛登[1]的思想所成立的寄宿學校。求學期間她訪問過濟貧院，也進入貧民窟當過社工，開始對社會問題產生興趣。

十九歲時她成為解決社會問題的慈善組織協會的成員，開始在

1 譯者注：James Hinton，一八二二－一八七五，英國外科醫生、作家。

奧克塔維婭．希爾負責的地區大展身手。透過一起工作的機會，希爾不斷對亨莉塔反覆介紹羅斯金的思想。亨莉塔很尊敬希爾，同時也傾倒於希爾口中介紹的羅斯金思想。

此外，亨莉塔後來跟山繆．巴奈特結婚時，將自己的名字改為「亨莉塔．奧克塔維婭．魏斯登．巴奈特」，把尊敬的奧克塔維婭．希爾的名字也加了進去。

進駐白教堂地區

有一天，亨莉塔受邀參加希爾主辦的生日會，在會場中結識了山繆．巴奈特，兩人相鄰而坐，但亨莉塔對大她七歲的山繆只有「土氣又不起眼的大叔」的印象。從這樣的形容也可以隱約看出亨莉塔「堅韌女性」的一面。另一方面山繆對於身邊圍繞著辛登、希爾、羅斯金這些富有博愛精神的正義人士的亨莉塔，究竟會成長為什麼樣的人物，似乎也很感興趣。

其實亨莉塔原本沒有結婚的打算。她很崇拜希爾，希望跟她一樣不婚、將一生奉獻給社會公益活動。但是介紹山繆給她的也正是希爾，她不能表現得太過冷淡。之後亨莉塔和山繆在慈善組織協會中一起從事活動，兩人漸漸認同彼此，終於在亨莉塔二十一歲時，她與山繆兩人結為夫妻。

婚後兩人搬到倫敦市內貧民窟現象特別嚴重的東邊白教堂地區。這個地區建築物密集，所有住宅都只能面對著陰暗的巷弄。當然住宅狀況相當糟糕。人們只能在類似地下室般陰溼的地方睡覺，用紙或破布補修破碎的窗戶，木製扶手幾乎都拿去當暖爐的薪柴。牆壁滿是裂痕，牆壁裡成為全身帶著細菌的老鼠住處。衛生狀態糟到不能再糟。

圖1－一八八〇年代初期的巴奈特夫妻。左邊是亨莉塔、右邊是山繆。

亨莉塔對這種住宅狀況感到非常憂心，很努力想改善該社區的生活。她特別關注女性和孩子，希望藉由幫助女性的生活、提供孩子教育機會，歷經漫長時間的努力，來改善地區環境。

關於女性的行動

一八七四年，二十三歲的亨莉塔在白教堂地區發起了「母親會議」。這個會議的目的在於聚集地方上的母親，讓她們學習道德和家族倫理，養成儲蓄的習慣，並且提供她們諮商生活上的煩惱，創造交友機會。亨莉塔說過：「女性不止為家庭帶來貢獻，也對家庭之上的地區帶來貢獻。」

這些活動進而推動了女性學習識字的社團、協助女性進入職場的組織之設立。特別是單親媽媽很容易成為勞動搾取的對象，亨莉塔也盡力協助她們找到適合的工作。

圖2─在巴奈特夫妻位於漢普斯特德的別墅中，進行幫傭的住宿研習。

隔年，亨莉塔二十四歲時擔任濟貧法的地區評議員，開始經常造訪收容貧窮人士的濟貧院。她拜訪地方上貧窮家庭的機會也變多。每次拜訪時，亨莉塔都會跟女性提及學習的重要性。

同年，亨莉塔跟希爾的朋友一起設立協會，幫助年輕女性找到幫傭工作。這個協會提供年輕女性教育機會，也聚集了她們的母親，一起在巴奈特夫妻位於漢普斯特德荒野的別墅進行住宿研習。結果在第一年度就幫助了一百九十二人位女性找到幫傭工作。透過在這個協會所學找到工作的女性，也開始幫助下一個世代的女性，之後延續為湯恩比館中所實踐的女性生活改善計畫。

關於兒童的行動

除了幫助女性，亨莉塔也同樣致力於幫助貧窮地區的兒童。巴奈特夫妻租用了白教堂地區牧師館後方的廢校，提供地區的兒童教育機會。這個嘗試影響了後來「兒童假日基金」的設立。這項基金是要把兒童帶離空氣污染嚴重的倫敦、前往郊外遠足而推動的計畫，現在由湯恩比館的「Be Active」計畫沿襲下來。

後來四十五歲的亨莉塔成為白教堂地區整體濟貧學校的評議員。就讀濟貧學校的很多兒童都會被分派到濟貧院工作，但亨莉塔指出，兒童在學校的上課時間之外，被迫勞動的時間太長。他們沒有玩具可玩，也無法上週日學校[2]，學校的牆上看不到任何繪畫。無法享受音樂、親近寵物，不能走到牆外的世界。

為了改善這種狀況，亨莉塔創

2 譯者注：Sunday school，宗教團體在假日舉辦的教育課程、學校。

立了出借書本的圖書館，分配玩具給孩子們，實施讓貧童跟許多富裕人家所居住的西區兒童交流的計畫。此外也向政府提出保護兒童人權的制度，一九〇三年，政府終於開始保護無家可歸的兒童。另外也在一九〇七年制定了關於保護觀察的法律，亨莉塔的社會行動催生了許多制度。

設立湯恩比館

讓我們再把話題拉回三十多歲的亨莉塔。在白教堂地區進行協助女性和兒童活動的亨莉塔，儘管贏得了不少贊同者的迴響，可是要改善整體地區環境，還需要更多夥伴的加入才行。

這時候亨莉塔的好友葛楚·湯恩比邀請巴奈特夫妻來到牛津大學。巴奈特夫妻應邀到牛津大學跟學生見面，共同討論社會問題。

其中一位就是葛楚·湯恩比的弟弟阿諾爾得·湯恩比（注1）。他在牛津大學上羅斯金的課，對於社會問題有深入的研究。另外也主辦針對貧困問題進行討論的校內讀書會，在夥伴之間居領袖地位。

阿諾爾得對於姊姊介紹的巴奈特夫妻進行的實踐感到共鳴，馬上邀集夥伴前往白教堂地區。他們跟當地居民合作，開始改善環境的活動。這些活動很快就在學生之間形成話題，牛津大學和劍橋大學的學生遂開始住進東區和白教堂地區展開活動。

不過原本就體弱多病的湯恩比在一八八三年三月三十歲時英年早逝。這時三十一歲的亨莉塔和學生們都對活動領導人湯恩比之死感到悲哀，也發誓要繼續推展這些活動。而巴奈特夫妻租下當地的空屋讓學生們可以在此生活，學生們組成「大學睦鄰協會」募集資金，買下老舊的學校土地，建設睦鄰之家。

於是，在湯恩比死後短短一年九個月，睦鄰之家落成。在學生和亨莉塔的強烈希望下，將其命名為「湯恩比館」。首任館長為亨莉塔的丈夫山繆，巴奈特，他一直擔任館長之職，直到一九〇六年為止。英國聖公會肯定山繆的活動，在一八九五年給了他座堂法政牧師，也就是「Canon」的稱號（注2）。

在湯恩比館的活動

湯恩比館中實施了下述計畫。一是關於社會教育的計畫，從兒童到成人任何人都可以參加的大學公開講座。在創設湯恩比館之前，亨莉塔就已經開始舉辦，但是在牛津大學、劍橋大學，以及倫敦大學的協助下，得以發展商務講座。學費設定得非常低廉，通過所有考試後，還可以獲得等同大學畢業的資格。另外也開設了夜間講座，可以學習語言、文學、倫理學、自然科學、音樂、美術、手工藝等。另外還有博物學社團、考古學社團、旅行社團、醫院隊（志工社團）、少年少女生活團等同好會活動，湯恩比館設立前亨莉塔以兒童為對象所設立的「兒童假日基金」也持續實施。

圖3—現在的湯恩比館。面對馬路的建築物是新增建的部分。穿過左邊樹木和右邊建築物之間往後面走，就可以看到以前的湯恩比館。

此外，為了讓貧困者人生更加充實，他們也舉行了許多展覽和音樂會等文化活動。巴奈特夫妻跟羅斯金還有莫里斯都有交流，經過兩位引介來的朋友也在湯恩比館推行了不少藝術計畫。亨莉塔跟住在富裕西區的朋友借來畫作，在湯恩比館舉辦了「巴奈特社區藝術展覽」。由於亨莉塔強烈想提供東區居民藝術鑑賞機會，這個展覽因而一直持續進行，並且漸漸增加了支持者，最後設置了白教堂藝廊（注3）。演變到現在，白教堂藝廊幾乎年年舉辦「年度展覽」，展示在湯恩比館的藝術計畫中創作出的作品。展覽至今仍持續在白教堂藝廊展出。

另外一方面，湯恩比館至今依然持續不斷的法律諮詢也是設立當時便付諸執行的計畫，這是要充實地方居民的生活不可或缺的服務。除此之外，湯恩比館

圖4—湯恩比館的內部。右邊的牆面上可看到巴奈特夫妻的肖像畫。牆面上排列的校徽象徵著曾經協助過湯恩比館的各間大學。

右圖5—艾斯比在湯恩比館展開的倫敦調查報告書封面。之後這項調查依然定期持續進行，現在也還在倫敦舉行。

左圖6—現在的漢普斯特德荒野擴張部分。保存了橄欖球場和茂盛的森林。

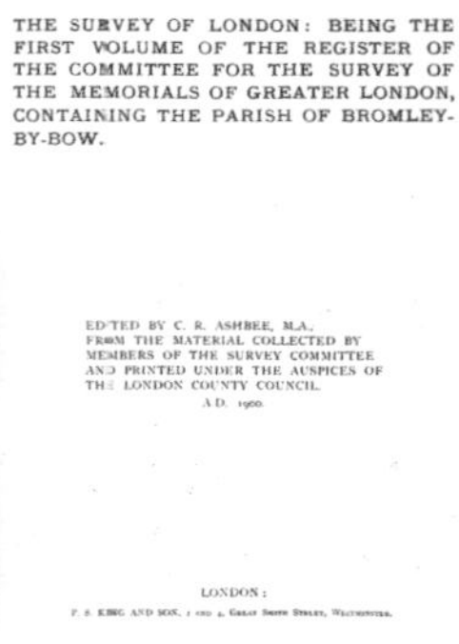

THE SURVEY OF LONDON: BEING THE FIRST VOLUME OF THE REGISTER OF THE COMMITTEE FOR THE SURVEY OF THE MEMORIALS OF GREATER LONDON, CONTAINING THE PARISH OF BROMLEY-BY-BOW.

EDITED BY C. R. ASHBEE, M.A., FROM THE MATERIAL COLLECTED BY MEMBERS OF THE SURVEY COMMITTEE AND PRINTED UNDER THE AUSPICES OF THE LONDON COUNTY COUNCIL. A.D. 1900.

LONDON:

也為了改善地區狀況推展了許多活動，例如支援或協助當地合作社與工會，把議員送進市議會和區議會，透過社會調查釐清社會問題等。尤其是社會調查更具先見，查爾斯．布思[3]的《倫敦調查》和迄今仍然持續的查爾斯．艾斯比之《倫敦調查》等，都是始於湯恩比館的研究會（注4）。

漢普斯特德田園郊區

一九〇二年，在湯恩比館的實踐告一段落，五十一歲的亨莉塔得知地下鐵北線即將延長，漢普斯特德荒野附近會有新設的車站。漢普斯特德荒野有巴奈特夫妻的別墅，他們在此跟湯恩比館的兒童和女性一起實施各種計畫，所以亨莉塔很擔心因為地下鐵延伸、住宅隨意開發導致周圍的自然地景遭到破壞。

於是她馬上設立了「漢普斯特德荒野擴張委員會」，負責擬定購買、保存擴張後的土地的計畫。她除了徵求大量協助者，也必須取得當地漢普斯特德市公所的理解，一九〇五年亨莉塔所擬定的開發方針對外公布。其內容為①必須提供住宅給各種階級、各種所得等級的人；②保持住宅低密度；③維持街道寬廣，種植路樹；④不以牆壁、而以植栽來區隔土地界線；⑤人人都可自由使用森林和公園；⑥保持住宅區的寧靜。

實際上開發住宅區時，他們參考了先前開發的萊奇沃思[4]的方法。他們跟萊奇沃思一樣成立了「漢普斯特德田園郊區信託股份有限公司」，發行公司債券來募集資金、收購土地。另外也設立了「協同房客股份有限公司」，一樣透過發行公司債券的方法來募集資金、建設住宅。

跟萊奇沃思一樣，住宅區計畫都是由雷蒙．烏溫[5]的成果。烏溫不僅擬定了整體住宅區的基本計畫，另外為了防止將來住宅區開發可能破壞荒野的自然環境，他也設計了區隔住宅區和荒野之間的「長城」。位於住宅區中心的中央廣場、教會和社會教育機關等「設施」，則交由埃德溫．魯琴斯6負責設計。

亨莉塔在湯恩比館跟許多不同階級背景的人交流，彼此學習、互相支援。因此在打造漢普斯特德田園郊區時，她也希望這裡可以讓各種階級的人共同生活在一起。起初開發的地區就如同亨莉塔所想，有三分之一規畫為提供給勞動階級的人居住之住宅，可是後續開發的地區則因為開發預算的窘迫，無法提供勞工階級可使用的住宅。其結果使得漢普斯特德田園郊區整體勞工階級所用的住宅只占了十分之一左右的面積。這跟亨莉塔一開始的理想

3 譯者注：Charles Booth，一八四〇－一九一六，英國企業家、社會問題研究家、統計學者。

4 譯者注：Letchworth，位於倫敦市郊，世上首座田園都市。

5 譯者注：Raymond Unwin，一八六三－一九四〇，都市計畫家、致力於改善勞工住宅。

6 譯者注：Edwin Landseer Lutyens，一八六九－一九四四，英國建築家。

圖6—目前漢普斯特德田園郊區的住宅。有許多綠意盎然的住宅。

圖7—住宅計畫為配置要低密度、充滿綠意。

圖8—土地界線幾乎都是植栽圍籬。

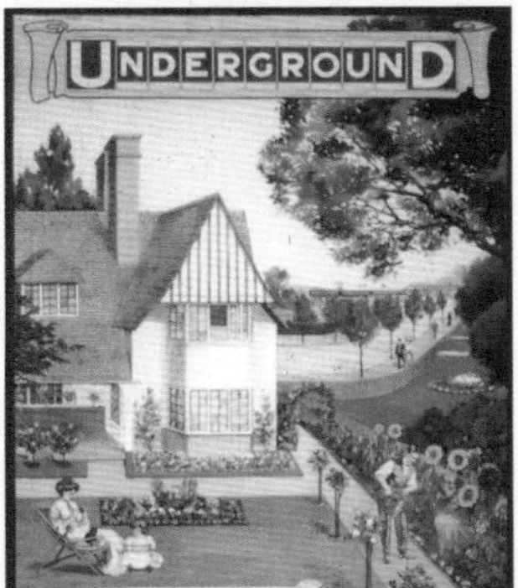

圖9—戈爾德斯格林（Golders Green）車站附近誕生的新住宅區，漢普斯特德田園郊區的廣告。這是一幅描繪男性埋頭園藝的劃時代廣告。

圖10—住宅區後方有只有居民才知道的市民農園。要來到農園必須通過住宅與住宅間的狹窄通道，幾乎沒有訪客會發現入口。

圖11—漢普斯特德田園郊區信託股份有限公司所在的建築物。至今依然堅守著亨莉塔所指定的當時的建築設計。
圖12—許多漢普斯特德田園郊區住宅都是烏溫設計的，所以跟萊奇沃思田園都市的街景很相似。
圖13—長城本身正在進行耐震補強和磚縫修復等工作。正在修繕在之前的修復工作中被填埋的磚縫。
圖14—一九三五年的埃德溫・魯琴斯。
圖15—漢普斯特德田園郊區中心區域的空照圖。
圖16—中央廣場的亨莉塔紀念碑。

不同，成了只建設高級住宅的地區。現在的漢普斯特德田園郊區給人的印象是高級住宅區，即使是中古住宅也要價一億日圓以上。

女性和兒童能夠在田園郊區度過健全生活也是亨莉塔的重要目標。她深信應該讓所有社會階級的女性都能享有教育。於是她決定將一九〇九年建設作為社會教育設施的「Institute」建築當作女校來利用。儘管遭到一些人反對，亨莉塔還是帶著不屈不撓的精神挑戰設立女校的目標，一九一一年，她將亨莉塔・巴奈特學校這間女校設置於Institute內。亨莉塔偶爾會拜訪完成的學校，談一談她探訪各地的旅遊見聞以及女學生可能感興趣的話題。

超越自我責任論

山繆・巴奈特曾經這麼描述他的妻子亨莉塔：「亨莉塔將家事打理得很好，同時也參與湯恩比館的營運，還從事白教堂地區的改善，主導漢普斯特德田園郊區的開發。她不僅以女性身分守護家庭，同時也守護了許多人的生活。」

接受過辛登、希爾、羅斯金影響的亨莉塔就如同山繆預想的，成為一個博愛主義者、社會改革家。她不僅是丈夫山繆保護的妻子，也是一個有著獨立人格的活躍人物。亨莉塔在一八八八年所寫的〈慈善組織協會能為社會改革做些什麼〉一文中這麼敘述：「我們應該注意一個人自己希望如何生活。有時社會狀況會毀了一個人的生活，龐大的力量可能毀了一個人的夢。這不僅僅是個人努力或責任的問題。」

亨莉塔在丈夫山繆六十九歲過世後二十三年，於八十五歲時也離開人世。

上圖17—亨莉塔住過的宅邸。位於中央廣場附近。
下圖18—亨莉塔將Institute改成女校。面中央廣場而建。

注

1 信仰心堅定的夥伴稱呼阿諾爾得「使徒阿諾爾得」，由此可知他頗有聲望。阿諾爾得的父親是喬瑟夫・湯恩比（一八一五－一八八六）。喬瑟夫參考威廉・華滋華斯7替長男取名為「威廉・湯恩比」（一八五〇－歿年不明）；次男之名取自馬修・阿諾爾得8，命名為「阿諾爾得・湯恩比」（一八五二－一八八三）；么女的名字取自塞繆爾・泰勒・柯勒律治9，命名為「葛瑞絲・柯勒律治・湯恩比」（一八五八－一九一三）。想必都出於他對詩人的仰慕吧。葛楚・湯恩比（一八四八－歿年不明）是喬瑟夫的長女、比阿諾爾得大四歲的姊姊。另外阿諾爾得還有個小九歲的弟弟哈利・瓦比・湯恩比（一九六一－一九四一），他兒子是歷史學家、社會運

7 譯者注：William Wordsworth，一七七〇－一八五〇，英國浪漫主義詩人。

8 譯者注：Matthew Arnold，一八二二－一八八八，英國詩人。

9 譯者注：Samuel Taylor Coleridge，一七七二－一八三四，英國浪漫主義詩人。

動家阿諾爾得・喬瑟夫・湯恩比（一八八九－一九七五）。也就是說歷史學家湯恩比繼承了伯父和祖父的名字。

2 與湯恩比館相鄰的學校名為「法政牧師巴奈特初等學校」。

3 約翰・羅斯金在白教堂藝廊設立時也曾經出資贊助。這個藝廊位於湯恩比館步行五分鐘可走到的地方。

4 企業家查爾斯・布思投注私財，進行倫敦市民生活與勞動的相關調查。湯恩比館的所有駐館活動家都參加了這項社會調查，整理成共十七卷的《倫敦市民生活與勞動》10。因為這項調查，湯恩比館創設了「調查俱樂部」，陸續發表「東區失業問題調查」、「簡易住宿處調查」、「兒童營養調查」、「建築業者失業問題調查」等。

---

10 譯者注：*Life and Labour of the People in London*。

第五章

發明家　埃比尼澤・霍華德

1850-1928。英國都市計畫家、社會改革者、發明家。他針砭大都市的弊害，構思職住一體的田園都市這種共同體的構想，對於之後近代都市計畫帶來莫大影響。

Ebenezer Howard

人口集中於都市、對田園的憧憬

約翰．羅斯金被叫做「維多利亞時代的人」。因為羅斯金（一八一九－一九〇〇）和維多利亞女王（一八一九－一九〇一）生於同年，也幾乎在同一時期過世。維多利亞女王一八三七年即位。這個時期起農村的人口開始陸續移居到都市。

一八四〇年左右，英國總人口約有六成住在農村，也就是住在都會區的人約占總人口的四成。不過十年後，到了一八五〇年左右，人口有五成居住在都會區；一九〇〇年左右大約有七成以上人口住在都會區。人口開始急劇往都市集中。

有趣的是，剛好一百年後的日本，也出現了同樣的人口移動模式。一九四〇年左右，日本總人口約有八成住在農村。但是到了一九五〇年左右減少為六成，二〇〇〇年左右減少到兩成，也就是約有八成的人住在都會區。人口集中於都市的現象比百年前的英國更加極端。

人口集中的結果，使得倫敦都會中心區出現許多懷念田園生活的人，他們渴求人與人之間的連結。當時都會中心的衛生狀況極糟糕，導致疾病流行、犯罪率大增。儘管懷念鄉村生活，但是人們深信唯有透過在工廠中勞動才能賺取薪資維生，於是繼續忍耐住在都會中心區的生活。

羅斯金對這種工作和生活方式提出異議；而威廉．莫里斯則以田園美麗生活方式為理想；另外，阿諾爾得．湯恩比和山繆．巴奈特的睦鄰運動則替都會區的勞工開闢學習場域，幫助他們脫離貧困；奧克塔維婭．希爾希望讓都會區的生活變得更好，推動住宅改善運動。

另一方面，在都會區出生長大、沒有過鄉村生活經驗的人也嚮往著田園生活，莫里斯的弟子、藝術與工藝運動旗手查理斯・羅伯特・艾斯比帶著夥伴和其家人一百五十人離開倫敦，搬遷到郊外的奇平卡姆登村。

看看百年後的日本，社區設計所需要的或許跟過去的英國有著類似背景。「離開東京、移居地方的人數增加」這種趨勢就很類似過去的英國。這麼一想，現在有八成人口住在都會區的日本，從百年前有七成人口住在都會區的英國發生的種種運動獲得啟發，也是情理中事。事實上，這個時代的英國也有許多我們進行社區設計時可以參考的運動。

霍華德受到的各種影響

一八五〇年時，英國總人口有一半都住在都會區，埃比尼澤・霍華德出生於倫敦市中心。年齡比前述的羅斯金和維多利亞女王小了約三十歲；另外也比莫里斯和希爾小約十五歲。湯恩比跟他則是差不多相同年代。不過霍華德跟羅斯金、莫里斯、湯恩比等人不同，他出生於勞工階級，沒能上大學讀書。他父親在倫敦市內經營幾間麵包店，母親是農家女兒，有過在鄉下生活的經驗。霍華德出生後隔年，一八五一年舉辦了倫敦萬國博覽會。在霍華德成長的時代，英國可說正處於高度經濟成長期當中。

霍華德十五歲從學校畢業後進入證券交易所擔任事務員，同時也一邊到職業學校學習速記。另外他也加入莎士比亞戲劇的社團，為一名活躍的業餘演員。平時沉默寡言的霍華德後來之所以能站在人前大方演說，或許要歸功於在此戲劇社團的訓練。

二十一歲時，霍華德跟三位夥伴一起移居美國，在內布拉斯加州租了農場開始務農。可能是受到母親娘家是農家的影響，再加上想脫離當時倫敦惡劣的生活環境，無論如何，他確實帶著對鄉村生活的憧憬，希望在異國土地種植玉米維生，但是他們的收穫少、無法靠農業自給自足。他受僱於一起赴美的其中一位朋友，在美國投身農業，但很快就發現自己不適合務農，後來又搬到芝加哥。

來到芝加哥的霍華德進入一間速記公司工作。當時的芝加哥正從一八七一年的大火逐漸復興，街區處處都配置了防止延燒的綠地，被稱為「田園都市」。另外，美國首位自稱景觀建築師的弗雷列克・勞・歐姆斯德[1]於一八六九年設計的河畔郊外住宅區也剛剛完成（圖1、2）。霍華德在芝加哥居住的五年之內想必也參觀過當時最新的住宅區吧（注1）。芝加哥的經驗很可能對霍華德晚年發明田園都市帶來了一些啟發。

一八七六年，二十六歲的霍華德因為思鄉，從美國返回英國。回到倫敦後他在一間承接製作國會審議紀錄的速記公司工作。這份工作開始讓霍華德關注社會問題和政策問題。從這個時期起，霍華德閱讀大量書籍，思考理想都市該有的樣貌。總是走過倫敦市區前往法院上班的霍華德，可能也天天望著滿布粉塵的都市、描繪著他

圖1──弗雷列克・勞・歐姆斯德。美國景觀建築師。曾經經手設計中央公園等美國國內多數公園、庭園和郊外住宅區的設計。圖為七十一歲時的歐姆斯德。

心目中的理想都市吧。

霍華德二十九歲時結婚。成家立業後，開始更加專注地學習何謂理想社會。倫敦有許多年輕人聚集討論的讀書會，聚集在此的青年，父母親多半都是走過高度經濟成長期的那一輩，而身為兒女，這個世代的年輕人除了產業和經濟成長，更要追求生活的充實。同世代的湯恩比就曾經描述這種趨勢為「從工業革命走向生活革命」。而湯恩比本人也在各地舉辦此類讀書會，延續為後來的睦鄰運動。

這樣的時代氛圍跟現代的日本也有幾分相似。帶來高度經濟成長的團塊世代[2]的下一個世

1 譯者注：Frederick Law Olmsted，一八二二－一九〇三，美國園藝師、都市計畫家。

2 譯者注：日本戰後出生的第一代。狹義指一九四七年至一九四九年間日本戰後嬰兒潮出生的人群，廣義指一九四六年至一九五四年出生的人群。詞源出自堺屋太一於一九七六年的小說《團塊的世代》。「團塊」比喻這個世代的人為了改善生活而默默勞動、緊密聚集，支撐日本社會和經濟。

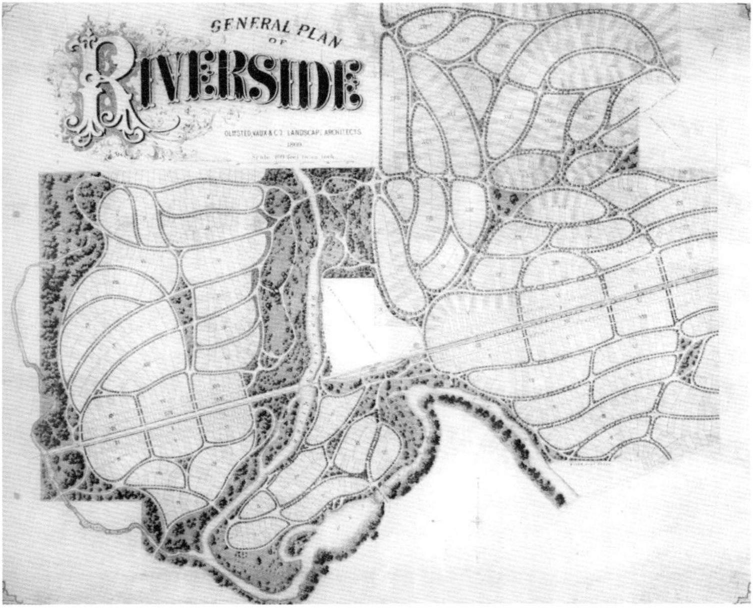

圖2－一八六九年時歐姆斯德等人規畫的河畔社區平面圖。這是規畫於郊區的美國初期田園都市。規畫為葉狀的住宅區各自猶如一個村落，每個村落外部一定會鄰接一片綠地。

代，高揭「從物質的富足到心靈的富足」這個口號，摸索著何謂真正的富足。我高中時也曾經讀過暉峻淑子所寫的《何謂富足》，之後也不斷在思考什麼是「真正的富足」。我之所以從事建築和公園等實體設計工作，轉移到現在開始設計人與人的連結，這種背景或許也跟日本經歷的時代變化有關吧。

《回顧》的衝擊

一八八八年，美國社會主義者愛德華．貝拉米出版了《回顧》[3]這本小說。小說以西元二〇〇〇年的波士頓為舞台。故事主角朱利安．魏斯特是個富裕的青年，他身邊圍繞著貧窮人，但他卻很煩惱不知道能為他們做些什麼。儘管他很幸運能進入大學求學，卻不知道怎麼貢獻社會。他很煩惱，不知自己該怎麼生存下去，終日無法成眠，他請催眠術師催眠自己入睡，沒想到這一睡竟然睡了一百一十三年，醒來已經是西元二〇〇〇年的波士頓了。

這個時代的社會看起來很幸福。所有工作都由國家分配，困難的工作工時較短、愉快的工作則可以從事較長時間。每個地區都有國家準備的豪華餐廳，大家都能在此自由用餐。當然，在餐廳工作的也都是國家僱用的人。土地皆歸國有，配置了公共設施和住宅。住宅偏小，大家都過著質樸的生活。未來的波士頓在公共生活上富麗豪華，反而在個人的生活層面質樸簡單。

霍華德從美國朋友手中收到《回顧》這本小說作為禮物，他對貝拉米所描繪的未來社會深深感動。他深信，這才是理想的未來社會。他很希望把這本小說介紹到英國，於是自己聯絡出版社，簽約銷售一百冊。在倫敦都會中心惡劣環境下工作的勞工的未來，要怎麼樣才能盡量接近貝拉米描繪的未來社會呢？霍華德這時開始具體思考所謂理想都市的樣貌。

另一方面，同時期也有英國人讀了這本小說之後大發雷霆，那就是威廉．莫里斯。莫里斯激烈地批判貝拉米企圖讓國家來統治個人生活這種整體主義式未來社會的藍圖。他很快就在一八八九年於自己主持的社會主義者同盟報紙《公共福利》[4]上登出了批判《回顧》的文章，因為他無法接受貝拉米讚揚產業文明，並在筆下描繪出受到徹底效率化的中央集權組織所掌控，且在其中顯得幸福的國民。莫里斯這時期發表了《約翰．伯爾的夢》[5]這本小說，描寫十四世紀社會的幸福生活，但是馬上又執筆撰寫一個不同於貝拉米的二十一世紀社會未來。

他的未來想像發表於一八九〇年的《烏托邦之信》這部小說。故事主角在一八八〇年代某個夜晚跟社會主義者夥伴一起在共同據點討論「革命後的社會」，說到累了就在自家睡著，隔天早上醒來，已是二十一世紀的倫敦。未來的倫敦沒有密集興建的工廠，空氣清新乾淨，還有豐富的綠地。服裝是十四世紀風格，每個人都青春洋溢、體貼善良。這樣的社會建立於每個地區的居民自治上、而非受到國家管理。莫里斯試圖描寫一個跟貝拉米所想像未來社會不同，一個「因居民自治而富足的未來社會」。

3 譯者注：Frederick Law Olmsted，一八二二－一九〇三，美國園藝師、都市計畫家。
4 譯者注：*The Commonweal*。
5 譯者注：*A Dream of John Ball*。

《明日》的出版

霍華德除了受到貝拉米提示的未來社會影響，也受到後來莫里斯所提出未來社會想像的影響，開始希望打造一個建立於居民合作之自治組織的未來社會。距離貝拉米的《回顧》出版十年後、莫里斯的《烏托邦之信》發表後八年，霍華德在一八九八年出版了《明日：邁向真正改革的和平之路》[6]（圖3）。霍華德委託莫里斯他們的刊物《公共福利》所合作的同一位設計師來設計封面。由此也可看出，一個不由國家來管理的未來社會，而是由居民自治所實現的未來社會，可以說剛好跟霍華德的理想不謀而合。

不過霍華德當時還是沒沒無名的速記員，要出版一本書並不容易。起初沒有一間出版社願意出書，他在朋友的建議下決定自費出版。初版三千本，大部分都是霍華德自己買來分送給朋友。

《明日》這個書名英文寫作「TO-MORROW」。這個書名可以如同字面譯為「明日」，但也可以把「MORROW」解釋為「黎明」，譯為「迎向黎明」。從標題中可以感受到一股「朝向未來社會的黎明我們該做些什麼！」的意志。副標題是「邁向真正改革的和平之路」。貝拉米和莫里斯所描繪的未來想像中，總不免有革命

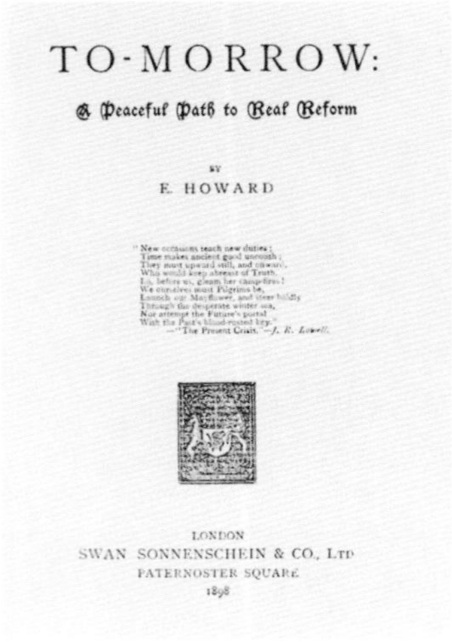

圖3－《明日》的封面。一八九八年初版問世，一九〇二年推出修訂版。修訂版的內容除了若干修改外，也將書名改為《明日的田園都市》[7]。

色彩。不管是未來的波士頓或者倫敦，都得先有革命破壞既有的都市，然後才有可能實現空氣清新、綠意盎然、人們得以幸福生活的社會。可是霍華德希望不需要靠暴力革命也能夠實現未來的理想社會，他想找到一條能夠帶來真正改革的和平之道。假如倫敦的市中心環境惡劣，那麼他希望的是一點一滴去改善、摸索和平的方法，而非靠革命一夕翻新。

具體來說，他的策略是在距離倫敦大約五十公里處建設許多理想都市，逐漸增加在此工作、生活的人，減緩倫敦人口集中的現象。這些新都市是兼具農村和都市優點的「田園都市」，人口以三萬兩千人為上限，得要是兼有住宅與職場的都市空間。霍華德已經發現：假如住處和工作地點相距太遠，就無法形成社區。所以田園都市除了可供居住，也必須能提供工作機會。霍華德認為假如倫敦周邊這類理想都市增加，那麼人口就會從市中心往田園都市移動，也自然而然能創造機會，讓倫敦變成更加宜居的城市。

田園都市的樣貌

霍華德在《明日》的第一章中引用了羅斯金《芝麻與百合》裡的文字：「住宅必須能令人在此維持衛生、健康的生活，而這樣的住宅應集中於有限的範圍內，且要建造得美輪美奐。住宅之間應維持恰到好處的距離，住宅區周圍有圍牆圍起。假如能注意到這些地方，不管在哪裡都不會

---

6 譯者注：*To-morrow: A Peaceful Path to Real Reform*。

7 譯者注：*Garden Cities of To-morrow*。

出現侷促的郊外住宅區。住宅區內是清潔熱鬧的街道，外圍則是寬廣的田園區。圍牆周圍是帶狀的美麗庭園和果樹園，無論從住宅區何處，只要稍走幾步就可以享受圍牆外的清新空氣、眺望地平線。這就是理想的住宅區。」霍華德將羅斯金描繪的理想住宅區化為現實。

在建築和都市計畫領域中經常會介紹到《明日》這本書。可是全書談及實體空間的篇章僅占了三分之一左右，剩下的三分之二——也就是總共十三章中的第二章到第九章——記載的都是財政、公共服務、商業。可以看出霍華德很重視都市硬體和軟體建設的平衡。最近一談到都市計畫或地區營造，一不小心就會落入「該蓋什麼」的硬體思維，不過如果沒有一併考量「該做什麼」這種軟體思維，就很難完成均衡恰當的地區營造。在社區設計的現場，我們也經常跟居民一起研究軟、硬體的平衡問題。霍華德的著作在這方面也是我們參考的好資料。

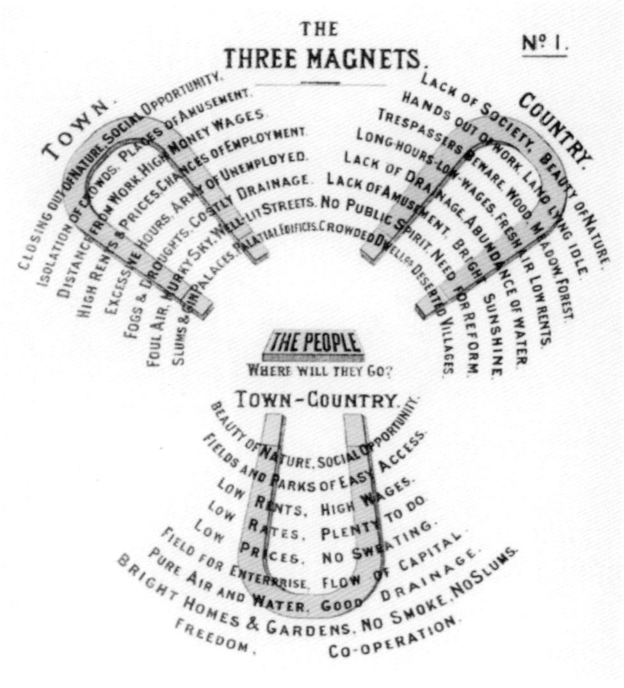

圖4—知名的「三個磁鐵」。都市區裡有高薪、繁華市街、豪華建築物等吸引人的特色，但是自然環境匱乏、孤獨、漫長的通勤距離還有骯髒空氣等都令人卻步。另一方面田園擁有美麗的自然環境和寬廣土地、新鮮空氣以及燦爛陽光，可是長時間勞動和低薪、欠缺社交娛樂等為其缺點。第三個磁鐵田園都市的特徵在於兼具了都市和田園的優點。本圖的中間寫著：「人會往何處去？」

以下我們就來仔細看看《明日》這本書的內容。首先霍華德提出三個磁鐵的概念（圖4），分別是「都市磁鐵」、「農村磁鐵」、「都市—農村磁鐵」，在N極和S極上寫有文字。都市地區自然環境較少、容易在群眾中孤立、通勤距離長、房租和物價高、住處狹窄、勞動時間長、廢氣等污染導致空氣品質糟糕，不過有較多認識人的機會和遊玩的場所、薪水高、工作機會也多，充滿了耀眼的近代建築。另一方面，農村沒什麼認識其他人的機會、工作機會少、薪水低、沒有玩樂場所、排水設備等公共設施也不夠完備，可是有美麗的自然和許多未開發的土地、有清新空氣、房租低廉、豐富的水和陽光。都市和農村各有優缺點，人們會考量這些條件而決定自己要居住在何處。就好像看自己會被哪塊磁鐵吸引一樣。

不過霍華德在這裡拿出了第三塊磁鐵。那就是「都市—農村磁鐵」——集上述兩者的優點於一身。優美的自然環境、低廉房租、許多工作機會、高薪、豐富活動、眾多社交機會、完善的排水設備、清新空氣、寬廣的房屋和庭院。他在書中寫道，這樣的理想都市可以靠自由和合作來實現。這種結合了都市和農村優點的都市，就是霍華德所提議的田園都市。

在地方上進行社區設計時，我們通常會先請大家舉出自己居住地區的「優點」和「缺點」，目的就是希望能先釐清各個地區所具備、霍華德在三個磁鐵中列舉到的明確條件有哪些。也就是說，必須讓居民自覺到想讓優點更好，並克服缺點——需要什麼樣的活動先讓大家有一致的目標和方向？然後才著手實踐地區營造（圖5）。

霍華德所提出的田園都市規畫以人口三萬兩千人為上限，他認為這是讓直接民主制有辦法成立的規模。這跟我們在從事社區設計時所感受到的人口規模也很一致。如果是大約三萬人以內的地方政府，我們跟地緣型社區的居民多半可以進行很順利的討論。假如人口多於這個數字，就無法光靠跟地緣型社區的討論順利推展，通常還得有主題型社群等其他團體參加才行。在三萬人以下的地方行政區實踐社區設計時，較容易出現別具特色的專案，原因可能正如上述。因此霍華德所設定約略三萬人這個數字，從社區設計的觀點來看也很恰當。

霍華德覺得應該永久確保田園都市外側土地為農用，當人口超過三萬兩千人時，就應該在別的地方建造另一座田園都市。他設定田園都市的大小為兩千四百公頃，其中四百公頃用作住宅區、外側兩千公頃保留為農地；四百公頃的住宅區有三萬人居住、兩千公頃的農地有兩千人居住。

另外，因為職住一體為其原則，所以在農地以外也必須提供工作地點。住宅區內有工業、商業活動，住在田園都市的人幾乎都可在該城內工作。假如工作地點跟居住地點相隔太遠，除了得耗費較長通勤時間，也較難培養出社區意識。所以霍華德才希望在田園都市內部同時提供住宅及職場。

有人問我：「什麼樣的地方最難進行社區設計？」真要回答的話，我會說是所謂的「新市鎮」。日本的新市鎮多半都只有回家過

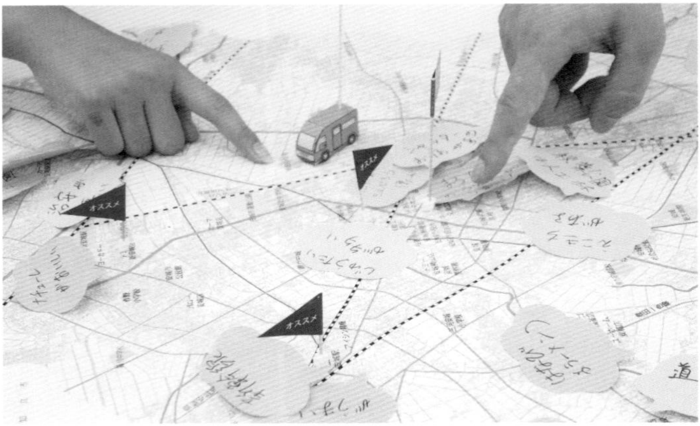

圖5—在愛知縣安城市進行的工作坊。跟居民一起討論當地的魅力和問題所在。這時候我們拿著玩具公車在地圖上走著，跟參加者一起進行一趟虛擬旅行，整理出地方上的魅力和問題。

夜的住宅功能，很多住在這裡的人都通勤往返於市中心與「新市鎮」。所以就算在新市鎮實施工作坊，忙於工作的人多半也不會參加。參加人數之少不禁讓人懷疑：這裡的人難道對自己居住的城市未來一點興趣都沒有？霍華德所提案的田園都市包含了工作場所，可是之後形成的田園郊區並沒有工作場所，往往開發成讓通勤到市中心工作的人居住的市鎮。日本的新市鎮也幾乎都以這種田園郊區為範本，並沒有考慮過職住一體。

田園都市的空間和營運

霍華德所描繪的田園都市如下。首先，田園都市的中心有庭園，周圍是市政廳、美術館、劇場、講堂、醫院等公共設施。由此向外呈同心圓狀依序是公園、第五到第一大道；接近中央的第五大道為拱頂形式，是大量人潮聚集的商店街；第三大道是最寬敞的主要幹道，周圍是成列的帶有廣闊庭院的住宅。這些住宅區外側又有成列的工廠，更外側是環狀鐵路；工廠生產的產品可以由外圍環狀鐵路上的列車載到其他田園都市或者倫敦市中心。鐵路外圍是農地，具有防止市區失序向外擴張的功能（圖6）。

當然，在這片農地上收成的農作物等，也可以藉由鐵路運送到遠方，不過大部分都送往中心區的商店街銷售。農地和商店街的距離近，讓農家得以栽種蔬菜等高附加價值的農作物。位於中心地區的住宅下水道連接著周邊的農地，排泄物可以直接作為農地堆肥使用。在田園都市各處都設計了水道，可收集雨水、有效利用（圖7）。另外地下還設有共用溝渠，除了上下水道和電線之

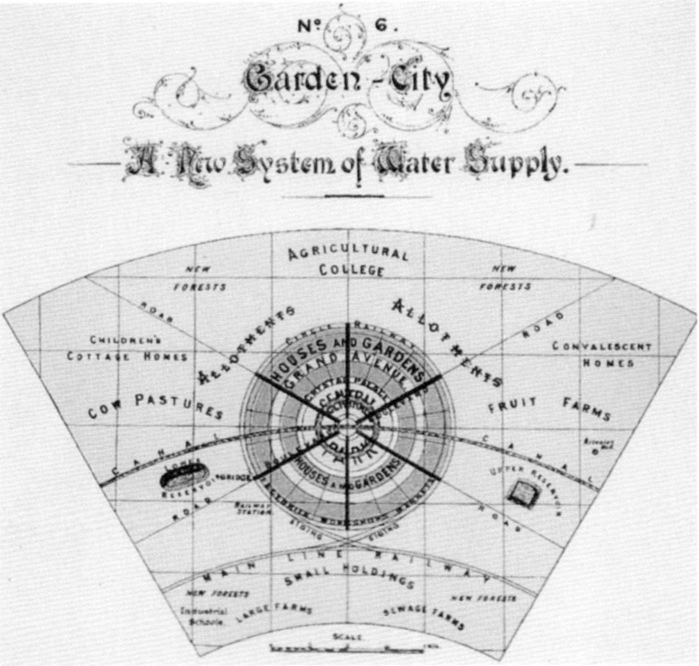

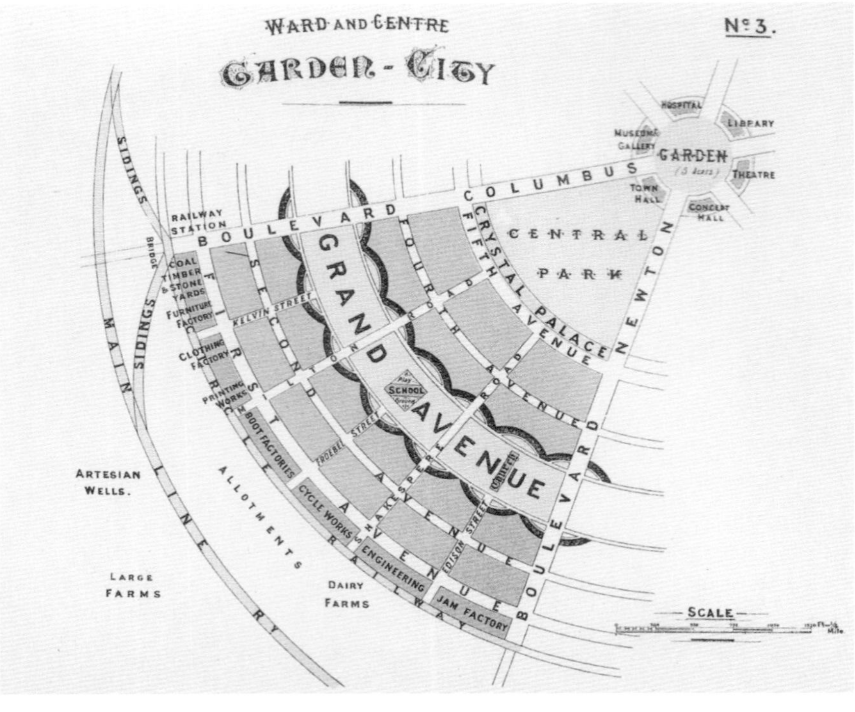

圖6—霍華德所提案的田園都市概念圖。田園都市中心有廣場、公園，朝外側依序為拱頂街道、住宅、主要幹道、學校、商店、工廠、鐵路、公路。最外側為農地。

圖7—田園都市的供水與排水系統配置圖。其中還提到了雨水收集系統和下水道系統，也考慮到如何利用鐵公路與其他田園都市連接。

外，還設置了能瞬間將資料送到遠方的氣送管等當時的最新技術。田園都市是一個經過精密設計的循環型都市。

田園都市沒有私有地。兩千四百公頃的土地都歸公社所有。田園都市的住宅、工廠、農地皆僅供租賃，居民對公社支付地租或房租。每位居民同時各持有一股公社的股票，土地開發的收益全部都分紅給居民。都市的營運由居民代表組成的中央委員會來決定大方向。人們繳納的地租、房租則由中央委員會來商討用途。

中央委員會下有三個小組。公共管理小組負責財務、稅務、法務、稽查；社會教育小組負責研究教育設施、圖書館、娛樂設施、浴場和洗衣場；建設小組研究公路、鐵路、公園和上下水道、電力及照明。這些是田園都市的營運組織，基本上都由居民自治管理。小組組長和副組長組成中央委員會，討論田園都市整體方向（圖8）。

除了這些營運組織之外，田園都市內也鼓勵

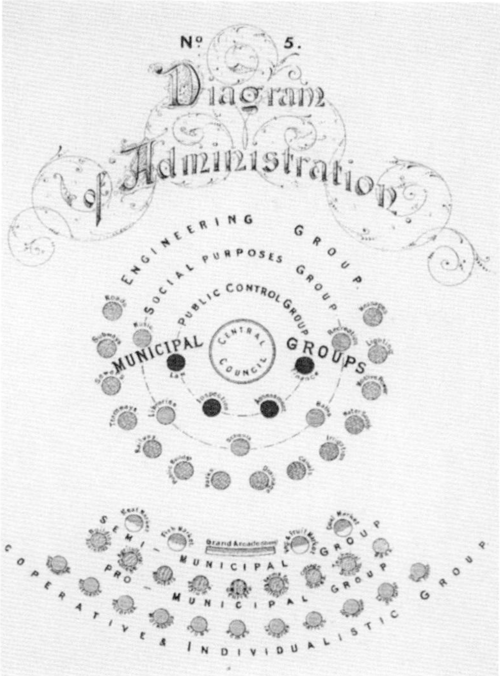

圖8—萊奇沃思田園都市的管理概念圖。從中央開始依序有評議會、公共管理小組（掌管法律和財政）、社會教育小組（圖書館和學校）、技術小組（道路和公共交通），再往外側則是第三區塊和NPO。

居民成立慈善團體或宗教組織、教育組織，因為深信多樣的組織可以讓都市生活更加豐富。田園都市不僅考量到空間的配置，也是顧及營運組織功能以及人際關係之重要性的理想都市。

在霍華德之前曾經談論過理想社會的歐文、傅立葉、聖西門[8]等人，被馬克思和恩格斯視為空想社會主義者[9]，所以霍華德特別在《明日》一書中，花了許多篇幅說明田園都市的經濟收支。他用數字來呈現三萬兩千人所支付的地租、房租能做多少事。他希望證明：從經濟層面看來田園都市也絕非幻想，是有可能實現的構想。

田園都市協會的設立

出版了《明日》的霍華德可能希望這本書可以像《回顧》或《烏托邦之信》一樣成為暢銷書。但是在出版了《明日》的隔年一八九九年，當他設立「田園都市協會」[10]時，只有十二個人參加。霍華德跟這十二位志工持續為改革倫敦製作傳單、推動啟蒙活動、舉辦演講，以宣導田園都市的理念。

當時霍華德在雜誌上發現一篇國會議員勞夫．內維爾[11]對田園都市給予高度讚賞的報導，他馬上去拜訪了內維爾，請他擔任田園都市協會的會長。應允擔任會長的內維爾先把實現了理想都市的巧克力工廠都市主人喬治．吉百利[12]和肥皂工廠都市主人威廉．利華[13]等人拉進協會，成為強力的贊助者（注2）。另外也請來《旁觀者》[14]雜誌編輯湯瑪斯．亞當斯擔任事務局長，一口氣加速促成田園都市協會的活動。接著在一九〇一年，該協會於吉百利的工廠都市所在地伯恩維爾[15]

舉辦了田園都市協會第一屆大會。到了一九〇二年，他們則在利華的肥皂工廠都市所在地陽光港[16]舉辦第二屆大會。始於十二人的田園都市協會，到了一九〇二年會員已經增加為一千五百人。其中也可以見到蕭伯納、阿爾弗雷德・馬歇爾[17]，還有建築師雷蒙・烏溫跟貝瑞・帕克[18]等人的名字（圖9）。

霍華德打算利用這一千五百位協會會員的捐款來實現田園都市的構想，可是內維爾和亞當斯認為光靠捐款不可能籌到打造田園都市所需的資金，決定設立第一田園都市公司來籌資，以實現最早的田園都市。

---

8 譯者注：Henri de Saint-Simon，一七六〇－一八二五，法國社會主義思想家。
9 譯者注：utopian socialism，又譯為烏托邦社會主義者。
10 譯者注：Garden City Association。
11 譯者注：Ralph Neville。
12 譯者注：George Cadbury，一八三九－一九二二。
13 譯者注：William Hesketh Lever，一八五一－一九二五。
14 譯者注：*The Spectator*。
15 譯者注：Bournville。
16 譯者注：Port Sunlight。
17 譯者注：Alfred Marshall，一八四二－一九二四，英國經濟學者。
18 譯者注：Barry Parker，一八六七－一九四七，英格蘭建築師。

圖9——一九三二年的雷蒙・烏溫。這位崇拜威廉・莫里斯的建築師，跟莫里斯一樣深愛中世紀城鎮。因此烏溫所設計的萊奇沃思住宅也很類似中世紀街廓的樣貌。

萊奇沃思的建設

一九〇三年，第一田園都市公司在距離倫敦北方五十五公里的萊奇沃思買下一千五百四十六公頃的土地，展開徵選都市設計師的比稿。這時獲得指名的是加入田園都市協會的烏溫和帕克。烏溫當時四十歲、比霍華德小十三歲。烏溫的父親是企業家，也曾經在牛津大學擔任過兼任講師，烏溫因為父親的關係認識了莫里斯。烏溫立志當建築師是受到莫里斯的影響，他跟莫里斯一樣，是一個深愛中世紀城鎮的建築師。霍華德原本受到貝拉米未來社會藍圖的影響，但是後來漸漸對其國家主義式的未來感到疑惑，轉而提倡莫里斯所提出、本於居民自治的未來社會，所以由深受莫里斯影響的烏溫來擔任萊奇沃思田園都市的設計師，霍華德想必非常高興。

烏溫將霍華德以圓形和直線描繪的概念圖配合萊奇沃思的地形製圖，然後描繪出一個帶有莫

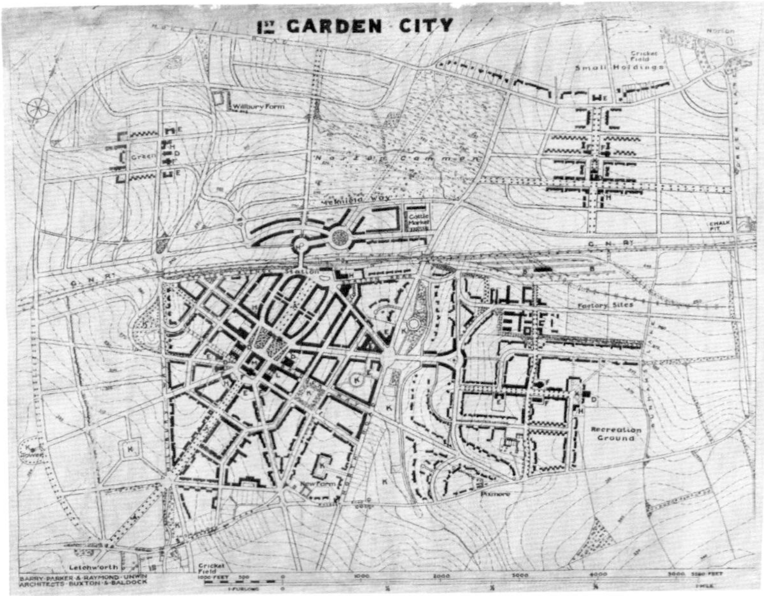

圖10—烏溫將霍華德的概念圖具體搭配萊奇沃思地形來繪製。他還讓每一條進入住宅區的巷弄成為死巷，不讓來來往往的交通干擾生活空間。

里斯式中世紀聚落風格的城鎮（圖10）。另外他也規畫出一個空間，用以實現歐文提議的合作生活。比方說，他提出一種生活型態：在此地，女性可以在開放的共同廚房領取報酬下廚，替當地居民準備餐點。萊奇沃思有幾個地區都執行過這種共同炊事，不過很遺憾，幾年後就廢止了。

這種合作式生活有一部分無法長久持續，不過生產者建立起合作社、排除獨占企業、消費者集結成組織拒絕購買過分昂貴或者劣質商品等機制，至今依然存在。這可說是霍華德從歐文手中傳承下來的部分，也可說是在工作場所和生活場所合而為一的田園都市才有可能實現的生活型態（圖11、12）。

一九〇五年，在此前一年喪妻的霍華德搬到萊奇沃思，餘生十六年都待在這個地方終老。

圖11－現在的萊奇沃思。今日依然可以看到烏溫刻意塑造的中世紀風情街景。街上綠意盎然，步行可至的距離內規畫了許多綠地，為一大特徵。

萊奇沃思的矛盾

萊奇沃思落成後，起初搬遷至此的是一群嚮往自由生活型態的年輕人。他們贊同田園都市的理念，會一起討論宗教、政治、教育等社會制度，也會享受「回歸土壤」的農務。其中有許多素食主義者和冥想主義者，也有不少崇尚簡單生活，或者帶有藝術家氣質的獨特族群（圖13）。

後來，原本在倫敦市中心付昂貴房租開業的工廠陸續搬過來。工廠一旦聚集，在工廠工作的人也隨之聚集，人口漸漸增加。萊奇沃思出現了許多市民活動團體。總共有八十多個市民活動團體，平均男性加入三個；女性則隸屬於五個團體。

套用在現代日本，一開始的萊奇沃思就像是嚮往環保、樂活、慢活，還有「半農半X（兼顧農業與其他活動的生活型態）」等先進生活型態的人入住的住宅區。這些人組織起關於飲食、教育、宗教、福利的社團，努力讓田園都市的生

圖12—萊奇沃思的商店街有一間名為「三個磁鐵」的商店。足以證明市民都徹底地了解了計畫者的概念。

活更富足。在人口明顯往都會區集中的日本，似乎有愈來愈多年輕人因為嚮往田園生活而移居田園，而百年前英國也曾有過同樣趨勢。這些人很重視人際連結，往往很積極參與地區活動。在社區設計現場經常可以看到這種人創造出有趣的活動，吸引周圍的人加入成為夥伴。這些人不只想追求空有便利的生活，更希望珍惜跟他人的接觸、擁有豐富的生活，於是會逐漸開展生活圈。萊奇沃思也一樣，總共誕生了八十多個市民活動團體。

可是萊奇沃思的矛盾也漸漸顯現出來。能夠擁有先進生活的萊奇沃思居民，往往是經濟上較為寬裕的人，而霍華德原本想像的倫敦工廠勞工，並沒有能力搬來房租昂貴的萊奇沃思。結果倫敦工廠勞工只能住在市中心周圍的廉價租賃住宅，從家中騎自行車到工廠上班。倫敦工廠勞工並沒有如同霍華德所期待，能脫離惡劣的生活環境。

為了解決這樣的矛盾，霍華德、烏溫、亞當

圖13—萊奇沃思剛規畫完成的時候，很多奇人異士聚集在此。諷刺畫裡描繪的人物有赤腳的、蓄鬍很長的、衣著寬鬆的，跟現在主張環保樂活的人形象也有些類似。

斯等人舉辦了「低成本住宅展」，提議由田園都市股份有限公司來建設低成本住宅。最後，他們籌辦起一個供給勞工用的廉價租賃住宅的合作社，可是這裡的房租對於工廠勞工來說依然很高。

這樣的矛盾在威廉．莫里斯主持的莫里斯商會也曾經出現。為了讓更多人能使用美麗東西而開業的莫里斯商會，因為商品都是出自工匠手工的精緻產物，所以價格不菲，最後只有富人才買得起。商品或住宅一定會有價格，也會有買得起、買不起的人。社區設計之所以跟商品或空間設計刻意保持距離，其中一個原因也在於此。

我們不追求商品或者空間的精緻，大家貢獻出自己的能力，在街區舉辦各種有趣活動。這麼一來就無關收入多寡，可以讓許多人一起參加。活動場所可以是空地、停車場，也可以是閒置店面（圖14）。第一件事是找到夥伴、展開活動。活動了一陣子之後，假如想要提高空間的品質，夥伴之間可以彼此商量、共同思考費用問題。若是製造出只有富人才負擔得起的物品或住宅，就無法找到根本的解決方法，所以在社區設計的實踐上，我多半都會從跟商品和空間保持一段距離的地方開始推行活動。

圖14—在廣島縣福山市進行的「福之環」這項市民活動，是由市民去找出閒置店面、不倚靠政府的力量，自己去租借空間、實施計畫。照片是市民租用閒置店面所設立的「諮詢站」。現在這裡已經成了一間咖啡廳，定期實行該計畫。

亨莉塔・巴奈特的田園郊區

一九〇六年，烏溫把萊奇沃思的建設交給妻舅帕克（注3），自己開始投入漢普斯特德田園郊區的設計。企圖打造出這處新田園郊區的亨莉塔・巴奈特曾經跟奧克塔維婭・希爾一起從事住宅改善運動，在她與設立湯恩比館的山繆・巴奈特結婚後，夫妻倆便聯手推動睦鄰運動。亨莉塔跟希爾一同參與了國家名勝古蹟信託運動，該運動的保護對象地之一就是漢普斯特德荒野。位於倫敦西北方五公里的漢普斯特德荒野是一塊珍貴的綠地，但是因為鐵路延伸到此地，這裡即將要被開發為住宅區。亨莉塔知道消息後，為了防堵開發業者並保護這片綠地，便出手買下三十二公頃的土地。可是在這塊綠地周邊依然有可能進行住宅區開發，所以亨莉塔在一九〇六年設立了漢普斯特德田園郊區信託，她不僅買下周邊一百公頃的土地，還委託烏溫規畫出優質住宅區。亨莉塔這位女性的行動力實在令人佩服。

漢普斯特德距離倫敦較近，所以並沒有以霍華德所執著的「工作與生活場所合一」為目標，而是著重於整頓出一個「任何人都能舒適生活的地方」。在這裡，是以利用鐵路往返倫敦通勤的生活型態為前提進行規畫。由於並不包含工作場所，也為了將這種都市與田園都市進行區別，就把它稱作「田園郊區」。

亨莉塔為了解決萊奇沃思的矛盾，希望打造出各種階級的人都能居住的住宅區。無論是從單身者或勞工所居住的住宅，或者到附有庭園的宅邸——在這裡有各式各樣的住宅。另外在住宅區中心也設置了教育設施，以利推行兒童教育和藝術教育等居民教育——可說是讓多種階層的人共同形成一個社區時，不可或缺的教育選項。在這裡也會舉辦素描社團、讀書會、園藝教室、刺繡教室、藝術教室等，藝術與工藝運動的設計師會以講師身分來訪。在這裡還會舉行湯恩比館的夏季合宿與展覽會等。可說是一種在田園郊區舉行的睦鄰運動。

希爾為了改善都會中心的住宅，企圖直接將倫敦變成一個更宜居的地方；霍華德則希望在距離倫敦較遠的地方打造深具魅力的都市，將人潮吸收過去，趁著這個機會改造倫敦；而亨莉塔則站在兩者之間，她摸索出的解決方式，是將各種階級的居民聚集在倫敦附近的都市，讓居民由此往返倫敦通勤。或許對亨莉塔而言，倫敦是工作的地方，已經不適合居住了。

設計漢普斯特德田園郊區的烏溫根據這次的經驗，出版了《過密無益！》[19]這本書（圖15）。他在書中建議，要形成一個社會集團，必須以街區為單位設置共用庭園，在此進行各種市民活動。這是一種從硬體面出發的社區設計。這種想法影響了美國克拉倫斯・亞瑟・佩里[20]的社區計畫「近隣住區論」。烏溫和佩里的「以硬體整備來形塑社區」固然重要，不過站在社區設計的立場，我更想強調霍華德和亨莉塔苦心推動的「以軟體事業形塑社區」的重要性。

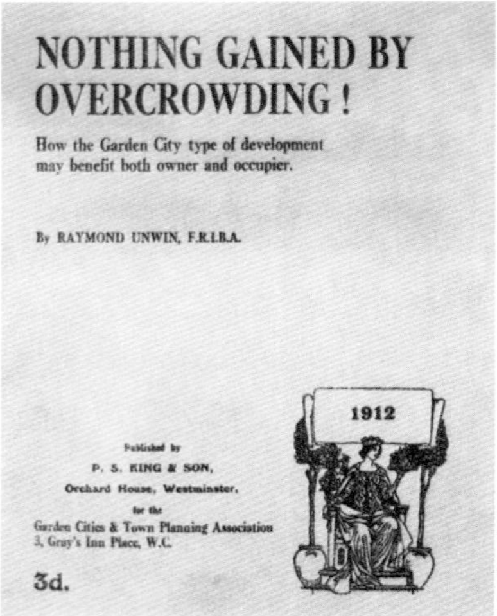
NOTHING GAINED BY OVERCROWDING !
How the Garden City type of development may benefit both owner and occupier.
By RAYMOND UNWIN, F.R.I.B.A.
1912
Published by
P. S. KING & SON,
Orchard House, Westminster,
for the
Garden Cities & Town Planning Association
3, Gray's Inn Place, W.C.
3d.

圖15—烏溫的著作《過密無益！》封面。書中整理了從規畫萊奇沃思田園都市和漢普斯特德田園郊區過程中，他所獲得的見解。

培養後進

一九一〇年，霍華德六十歲時，一個名叫弗雷列克・奧斯伯[21]的青年加入了田園都市協會。奧斯伯跟霍華德一樣，自十五歲學校畢業後也曾經在公司上過班，他二十歲時加入社會主義者的集會費邊社[22]，認識了蕭伯納。蕭伯納曾經邀請霍華德到費邊社介紹萊奇沃思。在費邊社聽了霍華德介紹萊奇沃思後，奧斯伯馬上拜訪了萊奇沃思，敲開田園都市協會大門。

起初蕭伯納認為，依照霍華德主張以股份有限公司方式來經營田園都市並不容易。因為股份有限公司必須獲利，如此一來將很難保有田園都市當初的理念，並且維持好績效。因為公司可能會偏向把土地租借給願意出多一點地租的企業。既然是以股份有限公司的型態來經營都市，這確實是正確的選擇。蕭伯納主張應該由地方政府來經營田園都市。奧斯伯受到蕭伯納的影響，認為萊奇沃思之後的田園都市必須由地方政府來主導。進入田園都市協會的奧斯伯隨即展開宣傳活動，倡議應該在英國國內建設出一百個田園都市。當然推動建設的主體必須是各地的地方政府。

另一方面，霍華德則反對由地方政府來建設田園都市。他很執著於以居民自治為前提的田園都市。一九一九年，霍華德擅自決定在韋林[23]購買土地，建造第二座田園都市。霍華德要求奧斯

19 譯者注：*Nothing Gained by Overcrowding!*。
20 譯者注：Clarence Arthur Perry，一八七二－一九四四，美國社會學家、都市計畫家。
21 譯者注：Sir Frederic James Osborn，一八八五－一九七八。
22 譯者注：Fabian Society。
23 譯者注：Welwyn Garden City。

伯：「要讓地方政府來建造田園都市只是浪費時間。我希望你來負責指揮韋林田園都市的建設。」奧斯伯希望由地方政府來主導田園都市的建設，可是他無法拒絕霍華德的要求，開始投入韋林的建設。一九二一年，七十一歲的霍華德也從萊奇沃思搬到韋林，跟奧斯伯一起從事韋林田園都市的整建和營運。奧斯伯在霍華德死後也繼續參與韋林田園都市的營運，但是途中因為經營困難，韋林田園都市最後還是交由地方政府管理。在那之後根據英國政府訂定的新城法，有許多田園郊區都由地方政府來主導整建。

從二十五歲左右到四十五歲左右，約二十年來都跟在霍華德身邊的奧斯伯，是外界公認、也是霍華德自己承認的弟子。現在我們能讀到的《明日的田園都市》序文正是出自奧斯伯之手。就結果來說，霍華德視為理想的居民自治之田園都市並未普及，而行政主導的田園郊區卻增加了，但是能有奧斯伯這位年輕弟子承繼霍華德的遺志，不啻是件幸福的事。從六十歲起開始培養二十多歲弟子的霍華德，有許多值得我們學習的地方。

田園都市的國際化

誕生於英國的田園都市運動漸漸蔓延到歐洲各國。緊接在英國之後設立田園都市協會的是德國。一九〇二年，德國田園都市協會設立，一九〇四年任職於位在英國的德國大使館的赫爾曼・穆特修斯[24]在德國出版《英國住宅》[25]時也介紹了田園都市運動。在這樣的趨勢之下，德國在一九〇九年動工規畫海勒勞田園都市[26]，接著又催生出法爾肯貝里田園都市[27]。不過嚴格說起來這些都不算真正的田園都市，應該屬於不提供工作場所的田園郊區。

法國在一九一一年出現了田園都市合作社，建設了幾處新都市，但這些也都屬於「田園郊區」的住宅區。

在美國原本就有影響了霍華德田園都市論的歐姆斯德的河畔社區，之後也持續有田園郊區的開發。日本的澀澤秀雄拜訪了冬天的萊奇沃思後大感失望。不過之前看過美國由歐姆斯德的兒子們所設計的聖法蘭西斯森林[28]這處田園郊區後，卻令他非常感動，因此便以此為理想藍圖，在一九二三年規畫出田園調布這個住宅區。

在這之後日本也陸續開發了千里新城、泉北新城、多摩新城等許多田園郊區。這些田園郊區誕生距今已經將近五十年。當初入住的居民邁入高齡，年輕人減少，當地學校裡的兒童也愈來愈少。我們從二〇一四年起開始在泉北新城以社區設計手法進行地區營造。作為田園郊區而開發的泉北新城中，沒有太多工作機會，許多人都

24 譯者注：Adam Gottlieb Hermann Muthesius，一八六一－一九二七，德國建築師。
25 譯者注：*Das englische Haus*。
26 譯者注：Hellerau。
27 譯者注：Falkenberg。
28 譯者注：Saint Francis Wood。

圖16－在大阪府泉北新城進行的「紡夢專案」。在形象已經固定的新市鎮，讓市民自己找出新的運用方法，並且記錄、編輯、傳遞資訊，藉此吸引年輕新居民。現在已經來到必須讓老朽化新市鎮的形象煥然一新的時代了。

來往於堺市或者大阪市通勤。為了讓這裡搖身一變，成為對年輕人具有吸引力的新市鎮，我回顧霍華德、亨莉塔、烏溫過去所做的種種嘗試，希望能構思出可將硬體整備和軟體事業融為一體的地區營造手法（圖16）。

霍華德在都市計畫領域成為舉世知名的人物，但是據說他並不希望別人稱呼自己為「都市計畫家」，喜歡大家叫他「發明家」。也就是說，田園都市是他壯闊的發明。發明家的腦袋究竟裝著什麼？平凡的我不得而知，但是我猜想，他一定不會將硬體和軟體分開思考吧。不管先想起哪一個，下一個瞬間兩者一定又馬上融合、產生出新的點子。他想必是在這樣反覆的過程中，不斷提高發明的準確度吧。

霍華德晚年改良了他擔任速記員時代發明的雷明頓打字機，想要製造新型速記用打字機，他也為此借了很多錢，霍華德的夢想是用賣掉打字機的錢，來打造第三座田園都市。

一九二八年，霍華德結束了他七十八年的生涯。

注：

1 目前並未發現霍華德居住芝加哥期間曾經參觀過歐姆斯德所設計之河畔社區的相關記載。不過當時在芝加哥蔚為話題的河畔社區這座新城，速記員霍華德不太可能完全沒參觀過，因此在此用「想必也參觀過」的推測方式記述。

2 喬治・吉百利是創設巧克力公司之約翰・吉百利的兒子。吉百利巧克力是至今仍在市面上銷售的牛奶巧克力。威廉·利華所創設的利華兄弟在一九三〇年與荷蘭的聯合麥淇淋合併，變成聯合利華。現在也繼續銷售麗仕和多芬等洗髮精產品。

3 烏溫受到羅斯金、莫里斯、湯恩比等人的影響參加了社會主義同盟，在此認識了建築師貝瑞·帕克，之後跟他的姊姊埃塞爾·帕克結婚，所以烏溫成為帕克的姐夫。

第六章

樂觀主義者　羅伯特・歐文

1771-1858。英國社會改革運動的先驅，提出理想社會的建設藍圖。在北美的合作社村失敗後，回國致力於合作社運動、勞工運動。被視為空想社會主義的代表人物。

Robert Owen

前半生與後半生

在這一章，讓我們來認識羅伯特・歐文。到目前為止，他的名字出現過許多次。一七七一年生的歐文影響了後來約翰・羅斯金的思想，也替威廉，莫里斯社會主義運動打下基礎。他曾經與奧克塔維婭・希爾的祖父討論貧困者救濟及兒童教育問題，為埃比尼澤・霍華德的田園都市論帶來各種啟發。

歐文前半生可說成功順遂，但後半生則是一連串的挫折與失敗。我想他一定是個積極思考又樂觀的人。也有人說，其實他的前半生並非總是成功順遂，只不過從他在《羅伯特歐文傳》[1]中描寫的前半生來看，過得可說燦爛輝煌。歐文當時沒沒無名，我們除了從《羅伯特歐文傳》之外，難以獲取此人前半生的相關資訊，但從他積極樂觀的語氣看來，這時期的歐文彷佛戰無不勝。

另外，歐文寫完《羅伯特歐文傳》前半生部分後就過世了，所以在書中後半生部分，我們讀不到他獨特的樂觀人生故事。可是歐文到他的後半生時期，已經是赫赫有名的人物，我們得以從其他各種資訊來源了解實情。根據這些資料顯示，他的後半生一反生命前期，可以說是一敗塗地。

歐文留下的許多成果幾乎都是他身為工廠經營者的前半生歷經嘗試與錯誤後所產生的。他加強工廠福利、修訂工廠法、教育勞工、設置世界上首座工廠內的幼稚園、主張人的性格由環境決定、導入夏日時間、建立起合作社和工會組織、發行地區貨幣之原型——「勞動券」、創設共同餐廳和綠帶成為田園都市仿效對象。這些想必都是他為了整頓工廠勞動環境、進行勞工勞務管理、提高生產力所展現出來的創意。

根據前半生的這些創意，他的後半生企圖打造出一個理想社區，設立可以交換勞動券和商品的勞動交易所，建構國際性工會網路，但是上述構想都在幾年內以失敗告終。可是這些嘗試絕非徒勞。在數次失敗當中，也陸續出現了與歐文想法產生共鳴的「歐文主義者」[2]，分別以不同方式將他的想法付諸實現。例如文章開頭所提及他給羅斯金、莫里斯、希爾、霍華德帶來的影響即是例子。

學習時期

歐文誕生於威爾斯新城一個販賣馬具和五金的家庭，他是七兄弟中的排行第六的小孩，不過弟弟誕生後很快就夭折，所以實際上他等於是么子。他家旁邊就是學校，歐文四歲到七歲這段時間都在這裡學習，之後到他九歲為止，還一邊擔任校長的助手。這就是歐文接受的全部學校教育。

十歲時他為了找工作，離開家鄉去投靠在倫敦的長兄。一開始工作的地方是一間叫做麥加福克的布料商。他跟店家簽了三年契約，第一年沒有薪水；第二年起為八英鎊；第三年為十英鎊。這間店銷售的商品是供給上流階級顧客使用的的高級布料。在店裡學會如何跟顧客的打交道並且對高級布料有所認識，對歐文來說都是很寶貴的經驗。

麥加福克有許多藏書，歐文每天關店後有五個小時的看書時間。歐文應該在這裡學會了許多

1 譯者注：*The Life of Robert Owen*。
2 譯者注：Owenite。

東西。這個時期他對於所有宗教都主張「自己才是正確的」感到矛盾，於是他成為一個無神論者。

結束三年的工作後，接著有人介紹他到富林帕瑪商會這間以下層階級為主要客群的零售店工作。年收入增加為二十五英鎊。這間店採薄利多銷的策略，每天從早到晚都非常忙碌。以現在來說年齡相當於國中生的歐文，在這裡體驗到快速陳列商品、採購、會計、進貨，還有從早到晚長時間勞動等經驗，也學到何謂合理的工作方式。

十六歲時他離開倫敦，到工業都市曼徹斯特的薩特菲爾德商店工作。年收入為四十英鎊。在這裡他體驗到以中產階級為主要客群的工作。這間店對他來說好比三年的高中時代，他在此學會了批發和零售業的經營。

歐文以相當於現在國中、高中生的年齡，順利地增加年收，分別體驗過與上流階級、下層階級、中產階級等三種不同階級的客戶打交道的商業經驗，學會了營商所需的各種技術。

成為工廠管理者

十九歲時，歐文跟他在薩特菲爾德商店工作時結識的夥伴一起創業。他們僱用了四十位工匠，建造了大規模的工廠，開始經營生意，但是過了不久歐文獨立出來，自己請來三位工匠，成立一間小規模工廠。在這裡的獲利是每週六英鎊，跟年收四十英鎊相比，收入可以說大幅提升。

一年後，歐文聽說富有的製造業者德林沃特[3]正在找工廠管理人，遂前去應徵也獲得錄取。這份廠長的工作年收三百英鎊，必須負責管理五百名工匠。工廠成功地製造出比當時市售絲線都還要細的線，讓歐文在紡織業界一舉成名。換成現在的背景，約莫等同於二十歲就被提拔為掌管五百位程式設計師的ＩＴ企業社長、還開發了熱門應用程式吧。

二十二歲時，他開始出入曼徹斯特知識分子組成的社團。在這裡除了經營，也學習到許多哲學思想。在這個社團中，大家熱烈地討論哲學、道德、宗教、教育、貧困、犯罪、衛生、兒童勞動、科學與技術等各種議題。不管在年齡上或者內容上，都是類似大學生受教育的學習經驗。

二十三歲時，歐文與德林沃特在經營看法上各執己見，他決定獨立經營工廠。那時候歐文在業界已經享有盛名，想找人出資並不難。他以新公司「考爾東丘斯德公司」[4]經營者身分到各地出差的過程中，在格拉斯哥認識了安・凱洛琳・戴爾這位女性。一七九七年，在她的介紹下參觀了她父親經營的工廠，那就是大衛・戴爾[5]經營的新拉奈克工廠。

3 譯者注：Peter Drinkwater。
4 譯者注：Chorlton Twist Mills。
5 譯者注：David Dale。
6 譯者注：Sir Richard Arkwright，一七三二－一七九二，英國投資人、企業家。

圖1—大衛・戴爾（一七三九～一八〇六）。跟理查・阿克萊特[6]一起籌畫新拉奈克的工廠村，之後獨力實現了工廠村。他後來將新拉奈克賣給歐文，也把女兒嫁給他。

新拉奈克

大衛・戴爾在新拉奈克利用水力來提供動力的工廠，是建於一七八五年（圖1），也就是歐文去參觀的十二年前。戴爾在這裡有四棟紡織工廠和勞工住宅，以及勞工兒童的學校。

這時歐文正在跟戴爾的女兒安交往，為了讓戴爾認可他們結婚，他跟出資夥伴商量，想要買下新拉奈克工廠。戴爾對他開的價錢很滿意，簽約答應把工廠賣給歐文及其出資者。於是歐文成為新拉奈克的管理者，也得以跟戴爾的女兒結婚。

歐文開始正式經手新拉奈克的經營，據說是在買下工廠的隔年一八〇〇年一月一日。他自稱自己的工作並非「經營」工廠，而是「統治」工廠。因為除了經營要能提升獲利，他也希望能採取改善居民整體生活的統治方式（圖2）。

新拉奈克位於深山，所以除了在此工作的人之外，他們的家人也都住在工廠附近。另外還有

圖2—現在的新拉奈克。二〇〇一年登錄為世界遺產。工廠村各處都進行了修復，供觀光客參訪。現在也還有約兩百位居民在此生活。

濟貧院介紹來的兒童也會在工廠工作，所以必須提供讓他們受教育的地方。此外，也需要有能購買日用品的商店、餐廳、教會。也就是說，這裡其實就像一座村子，所以歐文必須改善大家在此地各方面的生活機能。所以他除了管理工廠，也致力於統治這座村子。

新拉奈克的居民總共約有一千八百人。歐文開始著手統治，想必很希望馬上替勞工加薪。可是剛上任的他首先得提高工廠的收益，當然無法馬上加薪。為了在不加薪的前提下提高生活品質，他嘗試降低勞工生活所需的經費，這麼一來就可以實質提高大家的可支配所得。

首先是餐費。他讓大家不在各個家庭中開伙，而設置了共用廚房和餐廳，在這裡準備一定人數的餐點。這麼一來就可以節省食材和燃料費。接著是日用品。一樣透過大批採購的方式，把價錢壓低到接近成本，然後在商店裡以便宜的價錢販售給居民（圖3、4）。這些作法後來也成為合作社的機制，受到許多歐文主義者的應用。

接著還需要提高工廠勞工的生產性、提高利益。可是歐文並不打算藉由賞罰來刺激生產。他更重視的是改變勞工身處的環境條件和教育、改變他們的意識。他相信意識一旦改變行動也會隨之改變，結果就能連帶提高生產力。因此，他讓勞工提出日報，根據日報判斷前一天工作狀況的好壞，建立起一套隔天在工作台前揭示不同顏色來代表工作評價的系統。藉此，他得以掌握勞工的工作內容以及材料和產品庫存數量，同時也成功激發勞工的工作意願。

此外，他也在勞工教育方面下了一番工夫，定期替勞工製造成人教育的機會。歐文為了引出勞工發自內心的勞動意願，便先從改變他們的環境條件做起，他自己把這樣的想法稱為「性格形成原理」。

圖5	圖3
圖6	圖4

圖3—工廠村內的商店。商店採合作社方式，現在還銷售生活用品、發揮商店功能。後方的房間重現了當時商店的情景。

圖4—重現當時商店的房間。商品種類很有限，不過可以看出其大量採購優質商品後、秤重銷售的形式。

圖5—在性格形成學院中跳舞的兒童跟來參觀的成人。性格形成學院的兒童身穿規定的制服，大量採購相同布料後，讓兒童穿著一樣設計的衣服。這裡也採用了合作社模式。

圖6—現在的性格形成學院。教室裡展示了大地球儀和動物的圖畫。窗邊排列著岩石和植物，由此可知孩子可以經常看到、接觸到實物，一邊學習。

另外，歐文還設立了以兒童為對象的「性格形成學院」[7]（圖5、6）。新拉奈克市位於山區的工廠，所以很難穩定確保勞工來源。最容易取得的未來勞動人力，就是已經在此工作的勞工子弟。這些兒童很多到了適齡期後就跟父母親在同一間工廠工作，所以提供他們適切的教育機會，也是統治上極重要的一環。

但是出資者卻反對設立花錢的學院。歐文重擬跟出資者之間的契約，藉由拍賣工廠實現他設立學院的想法。這座學院是世界首座以幼兒為對象的學校（注1）。

在學院裡不以體罰來教育兒童，企圖從內在引出孩子的學習意願。其中一個方法是哲學家盧梭所提案的「實物教育」。不要透過書本上的文字間接了解世界，應該走進庭院田園和森林裡學習，把採集到的東西排列在教室中，運用動物的圖畫或者世界地圖來教學，這種方法不依賴文字，而是靠實物來讓學生學習。

這種教育在學習社區設計時也很重要。在工作坊的現場大家往往很習慣拿起便利貼或模造紙寫字，然後整理這些文字，以為彼此已經取得共識。可是參加者心裡一定有無法以文字完全表達出來的想法，也會有人因為無法在討論時反應這些心思而感到不滿。所謂討論，不能光靠語言和文字這樣的理性媒介，還需要結合圖畫、照片等，幫助眾人形成共識（圖7）。此外，如果機會允許，也應該盡量前往現場，體驗眼前的實物、一邊討論（圖8）。

參加者發表自己的想法時，還可以採用挑戰理性與感性之平衡的戲劇形式，以各種方法來跳

7 譯者注：Institute for the Formation of Character。

上圖7－工作坊中除了模造紙跟便利貼，有時也會準備運用了照片跟插畫的工具。除了語言之外，運用繪畫和照片等視覺道具進行對話，比較容易刺激出新點子。
中圖8－除了在屋內討論，也會前往現場，直接在當場討論所感受到的事。
下圖9－跟其他參加者共享討論內容時，除了用語言說明，也會用戲劇、動畫等視覺方式來傳達。

脫「僅有語言的討論」形式（圖9）。所以學習社區設計的學生除了語言之外，我也希望他們盡量多學其他的表現方法，跟工作坊參加者能有多樣的「對話」。

新拉奈克在歐文的統治下成功地縮短勞動時間、提高獲利，成為大家盛讚實現幸福生活的理想社區。極盛時期每年有兩萬人前來視察，可見新拉奈克和歐文在當時的英國知名度有多麼高。

對政府的提案

「自己改變自己很困難」。至今依然很常聽到的這句話，語出歐文四十二歲時出版的《新社會觀》[8]這本書第三章。這是歐文透過勞工意識變革所學到的道理，可是一樣可以套用在一般社會上。

歐文稱之為「性格形成原理」的主張，內容大致如下——人類要自己塑造、改變自己的性格不容易，因此所有擁有社會影響力的人都應該致力於改變他人意識，這麼一來那些因而改變意識的人，也會繼續努力去改變其他人的意識，然後漸漸實現一個奠基於合作之上的和平、幸福社會。所以不管兒童或成人都需要教育。這就是歐文的想法。他實在是個很樂觀的男人，真心相信可以用這種漸進方式來改變社會。

姑且不管實際上能不能根據這個原理實現新社會，這樣的社會想像後來也出現在羅斯金的

8 譯者注：*A New View of Society*。

《給後來者言》中。羅斯金將對他人不斷帶來良好影響的人生定義為「富足人生」，一個國家能擁有許多過著富足人生的人，才算是個富足的國家。這跟歐文所視為理想社區的概念相當接近。

歐文成功經營新拉奈克的工廠，也出版書籍提出他對新社會的想像，漸漸地開始有政府官員來尋求他的建議。一八一五年，四十四歲的歐文接獲國會議員的委託，希望歐文針對他向來關注的工廠兒童嚴酷的勞動條件提出建言。歐文對當時的工廠法提出了根本修正的建議，可是最後議決的法案幾乎沒有採納他的意見，就此公布了一八一九年的工廠法。

歐文四十六歲時，政府「勞動貧民救濟委員會」委員長坎特伯里大主教要求他提出貧民救濟的建議案。歐文提出的建議是可讓貧民幸福生活的理想社區。這是一個可收容一千兩百位貧民的社區，中央有共同廚房跟餐廳，還有學校跟圖書館，附近有住宅、兒童寄宿宿舍、客用住宅、診所、公園和庭院等。再往外側有工廠、屠宰場、馬廄、洗衣場、釀造場、製粉場等工作區域。最外緣則是耕地和牧草地等農業用地。這個社區的前提是生產和消費原則上都由居民共同進行。生產活動基本以農業為主，農閒時在工廠裡製造衣服等生活必須品。由於流行趨勢很可能會刺激個人主義、減弱合作的力量，為了避免這種現象，住宅和衣服基本上全體一致。工廠禁止分工，鼓勵透過合作來生產同樣的東西。維持這種社區的預算初期先由開發者來負擔，但只要居民同心協力支付地租和房租，總有一天一定可以清償債務。這麼一來社區就歸居民所有，屆時社區裡應該都是在學校或圖書館裡受過良好教育的居民，一定可以實現居民自治。於是以貧民為居民主體、持續自治的社區就此誕生。這就是歐文的提議。可是這項提案的規模遠大於坎特伯里大主教所需要的方案，後來也沒能實踐。

歐文五十歲時，拉奈克州向他諮詢理想社區的規畫，他把上述針對貧民設計的社區再加以更新、整理為針對一般市民而設計的版本後提出，可是這次也同樣未獲採納。

這些經驗讓歐文體認到，與其對政府提案來實現理想社會，還不如先靠自己的力量打造出一個社區證明給外界看，才是唯一可行的方法。

新和諧村

一八二四年，歐文五十三歲時，一名叫理查·佛洛爾的不動產業者來到新拉奈克，問歐文有沒有意願買下美國一個叫和諧村的地方，在那裡實現他的理想社區。聽到這個提案、歐文跟他的兒子商量之後，便馬上前往美國買下和諧村的土地。

隔年，歐文將這個實現其理想社區的廣大實驗場命名為「新和諧村」[9]，宣告開城（注2）

圖10—新和諧村的計畫圖。包圍在四角形建築物內部是一片庭園，中央有溫室，兩邊是圖書室、讀書室、授課室、研究所、講堂、博物館、觀測所等，也有完備的學校、醫院、體育館、舞蹈室、音樂室。在四角形建築物的外側則有農地和作業場所。

（圖10）。接著他讓兒子們留下來當社區的「統治者」，自己則巡迴美英各地不斷舉辦演講，希望能夠號召支持這個專案的支持者，以及願意入住的居民。

歐文回到新和諧村時，社區瀕臨瓦解。短時間內有大批希望入住的人湧進，在無法一一審查的狀況下，大家就這麼展開社區生活。住宅永遠不足，儘管工廠的勞工增加，但負責教育的專業工匠卻不足夠，在農場工作的也都是外行人，完全無法提高生產力。原本應該負責教育居民的知識分子之間發生了派系鬥爭，經營社區的資金很快就見底。新和諧村的實驗後來以失敗告終，歐文在一八二七年離開了美國。

歐文的理想社會藍圖誕生於他對工廠進行的勞務管理。他認為勞工和他們的兒童之性格形成會因環境賦予的條件而產生變化，所以建立起合作社、工會、教育等體制，提供較好的環境，理應可以提升勞動生產力。這種想法也被套用在一般社會上，稱為「新社會觀」，也就是他在新和諧村進行的實驗。

可是統治工廠跟統治社區畢竟不同。統治紡織工廠時只要基於生產絲線這個主要目的來進行即可，但是在一個以自給自足為基礎的社區中，要達到一定的生活機能，就得有能生產多樣道具和飲食的專職人士，多樣化的農業從業人員也很重要。不過以歐文構想的社區人口規模來看，很難齊備豐富多樣的專業人士以及充分的農業人口。

當然，只要多花時間培育社區，或許總有一天可以克服這些問題，可是新和諧村的開發進展過快，這不太像歐文素來的作風。他革新工廠經營方式時並沒有馬上提高薪資，而是先降低生活的固定花費、提高可支配所得、創造教育機會、提升勞工意識和能力，等到獲利之後再試圖加薪。這種漸進方式是歐文行事風格的一大特徵，但不知為什麼，他把新和諧村的統治交給兒子，自己則踏上遊說之旅。這應該是他無法掌控開發速度的原因吧。果然，社區的基本原則還是不脫「從小培育到大」。

新和諧村的實驗雖然失敗，可是歐文過去曾經提案的理想社區藍圖卻轉換了形式、流傳後世。比方說禁止分工、推廣合作這一點由羅斯金所承繼，設置共同廚房、餐廳，以及外圍工廠和農地及森林等綠帶，這樣的空間配置則影響了霍華德的田園都市。住宅和土地屬於公有，居民繳納地租或房租，最後由居民來自治管理社區等理想，也都反映在霍華德的田園都市論中。

合作社運動

在新和諧村失敗後，歐文失意地回到英國，他發現在赴美之前贊同他所主張之理想社會樣貌的歐文主義者，都陸續採取了具體的行動。歐文在新拉奈克採用的消費者合作社方式，是為了讓人們能透過合作以獲取廉價生活必需品的方法；但是僅提取其精神中的一部分、在一般社會推展的歐文主義者，數量增加了許多。歐文自己只認為合作社方式是統治理想社區的一種手段，可是後來的歐文主義者卻開始認為，可以利用這樣的方式讓既有都市的生活更加充實。消費者擁有通力合作從生產者手中廉價取得商品的力量；勞工也可經由合作從資本家手中爭取更好的勞動條

9 譯者注：New Harmony。

件——於是，歐文所主張的「合作」觀念，漸漸在社會上擴展開來。

歐文主義者認為這些攜手合作的人可以獲得不受生產者或資本家控制的自立地位，假如真能如此，就能夠拯救這些人。這跟歐文所思考的順序剛好相反：歐文認為應藉由教育來增加自立的個人，自立的個人再透過合作以獲得自立地位。可是既然依照歐文順序所進行的實驗已經失敗，追隨在後的歐文主義者或許也在發展的方向中試圖尋找新的可能。從美國回來後，歐文或許基於這樣的想法，漸漸開始協助合作社運動。

合作社運動很重視「基於博愛原理的教育」和「從平等與合作出發的勞動」。另外，參加合作社的人也必須公平地追求個人幸福，所以基本上並非受誰的管理，而是以自治來統治。此外，女性跟男性有同樣的參加合作社的資格。

合作社的成員會在各個地區舉辦小規模市集，在此使用歐文提案的勞動券來買賣物品。勞動券反映了人們工作的勞動時間，跟一般流通的貨幣具備不同的價值，可以說是現今地區貨幣的先驅。他們總共在全國五百多個合作社進行了這些嘗試。

合作社運動的理念為「人人為我、我為人人」，不愧是橄欖球發源國。這麼想來，橄欖球似乎是一種象徵了歐文合作概念的運動。組成正集團的前鋒、短小精悍的傳鋒、負責傳球奔跑移動的後衛，十五個人各自發揮不同功能，也需要彼此合作。假如所有人不好好合作、往前推進，就無法得分。大家身上的汗臭、泥濘都一樣。個人主義無法帶領團隊贏得比賽。就像一個富裕資本家掌控市場一樣，光靠一位明星選手的精采表現也不可能贏得比賽，這就是橄欖球運動。這麼看來橄欖球或許可以說是一種有社會主義色彩的運動。

另外，歐文自己不使用「社會主義」這個詞彙。只是他企圖實現一個以透過自立個人之合作為基礎的社會這種想法，後來被稱為「社會主義」而已。我們跟歐文一樣，不認為自己是社會主義者，可是在社區設計現場經常會遇到必須重視「我為人人、人人為我」這種社會主義、橄欖球式口號的時候。今後對於有意參加studio-L的人，我打算先問一句：「有打過橄欖球嗎？」（注3）。

歐文重視的「合作」，英文是「CO-OPERATION」，簡寫成「CO-OP」，也就是現在的生活合作社。生活合作社可以說是一個基於歐文想法而生的組織。生活合作社的基礎誕生於這個時代，據說過半設立者都是歐文主義追隨者的羅岱爾先鋒合作社，就是生活合作社的源流（圖11）。這個合作社揭櫫了五個活動目標：①建立合作社的

10 譯者注：Charles Howarth，一八一四－一八六八。

11 譯者注：Samuel Ashworth，一八二五－一八七一。

12 譯者注：William Cooper，一八二二－一八六八。

圖11—羅岱爾先鋒合作社的設立者。坐在中央的是首任合作社社長查爾斯・豪沃思10。站在他後面的兩人分別是山繆・阿什沃思11（左）和威廉・古柏12（右）。這三人可說是核心人物。設立者有半數都是歐文主義者。

銷售商店，讓大家可以在此購買到優質日用品和服裝；②建造供合作社社員居住的住宅、改善其生活環境；③成立食品製造業，合作社社員中即使有人失業也仍有飯吃；④購買或租借可耕地，以保護合作社社員的利益和安全；⑤整頓為合作社社員提供服務的各種機構（生產、分配、教育、自治）。透過這些措施，合作社社員以及其他合作社等有共同利益的人，就在此模式中企圖共同建立一個可自給自足的村子。

這個合作社的「羅岱爾原則」至今仍是生活合作社的基本想法。其內容為：①「公開原則」，資訊公開、人人皆可成為社員；②「民主營運原則」，採一人一票制；③「依比例分潤原則」，出現剩餘款時依照花費金額比例回饋給社員；④「利息限制原則」，不對出資金額加上不當利息；⑤「政治、宗教中立原則」；⑥「現金交易原則」；⑦「教育活動促進原則」。由此可知確實承繼了歐文的想法。

活動的樂趣

合作社運動是為了實現「建立在以合作為基礎的幸福社會」所推動的活動，但是大家並不是一天到晚嚴肅認真地從事活動。可能會在地區設置圖書館、舉辦演講、舞會，經常製造讓大家能快樂學習的機會。其中所謂「社交慶典」的合作社機制相當特別，會定期舉辦結合了舞會等娛樂活動、演講等教育活動，還有市集等帶來實際利益的活動。

想推動「正確」的事情時，是否「有趣」相當重要。我相信很多人都同意，一個合作的社會是應該予以認同的。但如果要實現這個目標必須忍耐很多事，可能贊同了人就會一口氣減少很多。假如自己得負擔的工作增加，贊成的人又會更少。為了實現正確的社會模式，願意持續努力去忍耐、承擔多餘工作的人畢竟不太多。在這些人當中，也可能有人因為覺得有可能獲利才繼續下去。不過合作社會看來並不是個能讓個人獲利的社會，這麼一來就只能依靠真正有志於實現正確的社會模式的人去努力。這樣的狀況無法增加夥伴數。因此，是否有趣就相當重要。歐文主義者除了看中正確的事之外，也很重視樂趣，我想可能因為他們曾經經歷過推展這類活動的瓶頸。

社區設計的現場也一樣。光是高談闊論是無法增加夥伴的。做正確又有趣的事情才重要。所謂樂趣，也包含了美麗、美味、可愛、帥氣等。所以工作坊會場必須別出心裁，餐點也要好吃，參加者和主持人都要有型、有格調（圖12）。

studio-L會定期跟員工討論服裝時尚。假如有

上圖12—我們會去思考在哪裡舉辦工作坊才能提升參加者的意願。如果在室內舉辦，那麼要有什麼樣的室內設計才好？如果在室外，希望包圍在什麼樣的風景中？人的意見也經常因為環境轉換而改變。

下圖13—我們也曾經開過公司內部的工作坊，討論員工該穿什麼樣的服裝。當然沒必要穿誇張花俏的衣服，但是看起來不整潔或是顯露土氣也不是好方法。關於男性眼中的女性、女性眼中的男性時尚，可以運用流行雜誌剪貼下來的照片具體討論。

員工對這方面不太重視，就會由其他幾個人帶他一起去購物，挑選適合這個人的服裝。在工作坊現場，參加者觀察我們服裝和舉止的機會其實遠比我們想像中來得高。當然沒有必要穿上昂貴的服裝，但還是得維持最基本的時尚感。

關於這一點，我對歐文理想中的社區有一些異議。歐文並不講究服裝，他覺得大家大可穿著同樣的制服生活。歐文認為社區應該自給自足，假如每個人都追求不同服裝，就會出現生產跟不上需求的現象。假如所有人都穿一樣的服裝，當然就不用花太多錢在服裝上，也因為沒有所謂流行趨勢，不需要每年都追隨潮流買新衣。

歐文充分了解到流行時尚的魅力和權威的危險性。「好想擁有那個人穿的衣服」或者「總有一天希望能戴上那種珠寶」這些人類的欲望會帶來浪費，而希望比別人更顯眼的期待也會誘發個人主義的行為，導致一個人拒絕合作。因此在歐文理想的社會中，會鼓勵居民都穿一樣的服裝。

不過享受時尚的樂趣也很重要。大家都穿一樣的衣服，確實可以降低生活的固定費用，但是其他娛樂無法取代時尚帶來的樂趣。另外，從社區外部來看，也會覺得這是一個奇怪異樣的集團，因而凸顯出這個社區的排他性。

社區設計中的「樂趣」也需要重新定義。除了單純講究視覺上的美觀或者服裝上的時尚之外，找出活動本質的樂趣所在，這種力量也很重要。不是由其他人來取悅自己，而是要有自己找出樂趣的能力。走在街上尋找看起來像「臉」的房子，把所有找到的房子都用相機拍下來，光是這樣就覺得時間過得很愉快。各個團隊合作，收集好幾張房子的「臉」後進行發表，也可能會有嶄新的發現，相當有趣。

從遠處觀望這些事的人可能會覺得：「做這些事到底有什麼好玩的？」但只要執行者自己能真心樂在其中，就不會有什麼問題。能夠擁有這種「創造樂趣的力量」的人，一定能夠一輩子都過得很愉快。假如不開心的時間持續太久，只要自己能從中去尋找樂趣就行了。這件事並不需要花錢。在工作坊中的田野實察這類活動裡，我最想告訴參加者的就是這種「創造樂趣的技術」。能發現這種訣竅的人就會頻繁來參加工作坊。這些也就是所謂能夠讓正確的事和有趣的事並存的人。

公正勞動交易所

那些推動合作社活動的歐文主義者漸漸開始萌生要串聯全國各地合作社的想法。首先，他們嘗試讓各地合作社使用的勞動券在全國流通（圖14）。一八三二年，歐文主義者提議設立「公正勞動交易所」[13]，希望讓勞動券能夠在全國流通。交易所中收取社員提供的商品，聆聽製作者的心聲，再因應他們的勞動時間發行勞動券，

13譯者注：Equitable Labour Exchange。

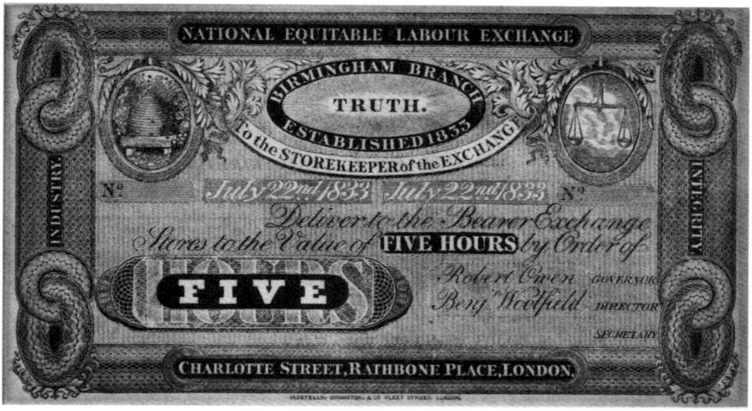

圖14—歐文他們用過的勞動券。每個人發揮自己專業，所有工作皆以時間為單位來交易。例如說每個人交換替對方做一小時自己擅長的事。圖為「五小時勞動券」。

這不是一種可以輕鬆獲利的想法，但卻形成可依照實際勞動情形獲取勞動券的方式。

拿到勞動券的人可以買到其他人以同樣時間製作出來的東西，或者接受同樣時間的服務。在這個機制中交換的並非商品的稀有價值，而是換取投入製作的時間。但是這種方法慢慢開始行不通，因為交易所的審查經常不夠確實，大家開始懷疑時間是否獲得公平的交換。第一年和第二年的交換勞動時間收支吻合，但是到了第三年則出現收支不符的現象，一八三四年時交易所已經停擺。

現在的地區經濟也援用了這種機制。為了形成另一種不同於世界規模貨幣經濟的地區經濟，漸漸有採用地區貨幣的事例出現。在英國有地區交換系統（LETS）承襲了歐文勞動券的想法。地區貨幣為了避免發展為全國規模，只能在特定地區基於特定條件下運用，才能發揮效果。歐文的公正勞動交易所的失敗教訓可以說在這裡獲得了活用。

全國產業工會大聯盟[14]

公正勞動交易所的實驗不能說是完全失敗。這是一個讓全國合作社互相認識、共享價值觀的起點。交易所在一八三四年關閉，這一年全國合作社和工會也成立了聯盟。在歐文主義者的主導下，串聯起各地工會。

全國共有八十萬人加盟組織，幾個月後，加盟者增加到百萬人。他們在各地倡導合作的重要性、實施罷工，所以遭到了鎮壓。全國產業工會大聯盟一年後就解散了，但是曾經參加該組織的歐文主義者馬上又成立了萬國各階級協會[15]。這個協會推動各種啟蒙活動、建設勞動會館，也實施了特殊的婚喪儀式。

歐文自己希望採用漸進手法進行改革，所以跟這些行動保持著一段距離。他不斷提倡和平理想社會的重要。即使到了晚年，歐文也依然以建立理想社區為目標，歷經幾番波折，他後來參與了以萬國各階級協會為中心，來進行社區規畫的女王森林社區。可是偏好大規模開發的歐文在此一樣堅持著重於硬體的開發，終告失敗。歐文六十八歲時開始的女王森林社區開發，在他七十四歲時幾乎沒有居民入住，最後．無疾而終。

歐文在一八五八年時以八十七歲高齡離開這個世界。過世之前他住在自己出生的故鄉新城老家附近的熊首飯店，在親戚家人圍繞下嚥下最後一口氣。當時世間幾乎已經遺忘了年事已高的歐文，不過對他本人來說，應該算是幸福的落幕吧。歐文的墓碑上寫著，這是奉獻給英國合作社的「合作社運動之父」。

歐文以後

歐文深信可以藉由合作打造出理想社會。為了實現這個理想而奔走的歐文主義者後來被稱為社會主義者，並且衍生出多種不同流派，例如費邊社會主義、行會社會主義，還有莫里斯曾經參

14 譯者注：Grand National Consolidated Trades Union。

15 譯者注：Association of all Classes of all Nations。

加過的社會民主主義等等。因此歐文開始被稱為「英國社會主義之父」。

之後高唱社會主義的馬克思和恩格斯儘管很尊敬被譽為社會主義之父的歐文，但依然將歐文的社會主義視為空想社會主義，覺得自己提出的社會主義才是科學式的社會主義，可實現性較高。因為歐文樂觀地相信人會採取合作行為促進社會改善。馬克思等人認為，實際上市民並非都那麼聰明，也不見得願意合作，但歐文並不了解這一點，所以他的社會主義只是一種空想。他們的批評或許沒有錯。因為這些空想，歐文的社區營造嘗試接二連三地失敗。

可是馬克思和恩格斯所主張的科學式社會主義從現在的眼光看來，也不見得就成功。歐文企圖以地區為單位逐漸實現的社會型態，恩格斯他們打算以國家為單位一口氣實現。就結果來說他們的嘗試也未能長久持續。

以現代的語言來說，科學式社會主義應該可說是一種「預測」的想法吧，先以科學方式分析過去的潮流，再擬定今後的方針；另一方面，空想社會主義可以算是「回溯預測」，先想像出一個理想狀態，然後逐一實踐實現目標所需的項目。歐文認為，人民藉由合作來落實和平、幸福的地區生活，這才是理想的狀態。他也為此企圖打造出需要的教育和環境。儘管他的嘗試看來都以失敗告終，可是從長遠眼光看來，應該說這些實驗都還在未完成的階段。之後的歐文主義者陸續實現了合作社組織、地區貨幣、田園都市。另外他們的思想也連接到現在社區設計的實踐上。

偶爾會有人揶揄，想靠社區設計改變地區根本是空想；也有人批評，參加工作坊的只是地區居民的一小部分，或者是對於光靠連結人與人的關係來重振地區經濟表示不以為然。專案失敗時，可能會出現一臉等著看好戲、幸災樂禍的人。儘管如此，我們還是繼續抱著樂觀態度走在社區設計的路上，這無疑也是從歐文的人生哲學中學到的姿態。

注：

1 歐文的性格形成學院是世界首見的幼兒學校，不過幾年後德國教育學家弗里德里希．福祿貝爾16所設立的幼兒教育設施，才被認為是世界首座幼稚園。因為福祿貝爾是第一個創造出「幼稚園（Kindergarten）」這個詞彙的人。

2 新和諧村的計畫圖是由建築師斯特德曼．懷特韋爾17所設計。懷特韋爾在幾年後歐文籌畫女王森林社區時也曾經提出大規模的建築案。但是每項計畫都因為規模過大、預算無處籌措而失敗。

3 高中時代參加橄欖球隊的我一直深信「打橄欖球的沒有壞人」。

16 譯者注：Friedrich Wilhelm August Fröbel，一七八二－一八五二。

17 譯者注：Thomas Stedman Whitwell，一七八四－一八四〇，英國建築師。

專欄4

從新拉奈克到羅岱爾

羅伯特·歐文

因為優異的經營成效大受好評的紡織工廠村新拉奈克，還有打下全世界生活合作社基礎的羅岱爾先鋒合作社——兩者均深受羅伯特·歐文的合作社會論的影響。但這些都不是靠歐文自已一個人打造出的事業。新拉奈克這個工廠村大部分是由上一代經營者大衛·戴爾完成，羅岱爾先鋒合作社則是由受到歐文思想影響的一群歐文主義者創立。另一方面，歐文自行成立的事業，很遺憾都一一失敗了。

換句話説，歐文或許應該説是個優秀的思想家。當然，他在統治新拉奈克、成功發展事業這一點上，對外界展現了他出色的能力。可是這也可能是因為戴爾已經打下了良好基礎。在這之前，他也跟許多企業家合作，成功創立了許多事業。但幾乎沒有一項是歐文單獨完成的事業。

歐文的合作社會論規模宏大，要落實為具體事業需要高額資金。再加上歐文自己的個性也喜歡推展龐大事業，因此他開始籌措鉅資啟動事業。但是沒想到他因為太過堅持理想，漸漸後繼無力，最後許多事業都落得失敗收場。因此後來一些馬克思主義者——尤其是恩格斯，開始稱呼他為「空想社會主義者」。

儘管恩格斯等人給歐文貼上這個標籤的目的是為了對外界強調「自己才是科學式社會主義者」，可是綜觀歐文的生涯，這個稱號或許也不能算錯。

所以在此我們學習的對象並非歐文企圖獨力實現的空想事業，而是要效法他是如何近一步充實自戴爾繼承而來的工廠村，將其打造為新拉奈克，並且觀摩歐文的後繼者苦心思索出的羅岱爾先鋒合作社。由此出發或許可以發現一套「著眼現實、調整腳步的合作社會論」。

戴爾的新拉奈克

如同前述，真正建立新拉奈克工廠村的是戴爾。工廠村位於克萊德河畔，這條河的上下游河道皆非常寬廣，水流緩慢。可是唯有新拉奈克工廠村附近的河道較窄、流速湍急。許多地方都可以看見小瀑布，形成充滿活力的景觀。這些風景深受許多人喜愛，畫家透納也經常造訪這一帶。

一七八三年來到這座瀑布附近的戴爾和理查・阿克萊特，直覺認為可以利用這裡的水流當作工廠的水力動力來源。戴爾是名在二十四歲便創業的織品商人，他的經營手腕受到肯定，成為皇家銀行的格拉斯哥分行經理；而阿克萊特也是位創業家，他在一七六九年發明了水力紡織、取得專利。雖然之後這項專利被認定無效，但在這之前他已經是位擁有多間工廠的資產家。

上起
圖1—現在的新拉奈克。克萊德河邊的石造建築物群。
圖2—克萊德河的瀑布，水量多又湍急。新拉奈克工廠利用這些水力來讓機器運轉。
圖3—新拉奈克的自動紡織機。這些機械讓紡織的速度大幅加快。

兩人在隔年擬定計畫建設新拉奈克工廠村，一七八五年工廠村開始動工。施工期間，兩人意見逐漸出現分歧，戴爾解除跟阿克萊特的合作關係。同年，戴爾完成了新拉奈克第一座工廠、開始運轉。當時的紡織工廠裡一般都會看到許多女性成排並列工作的光景，但這座工廠因為使用了水力驅動的自動紡織機，女性勞工數量相當少。

一七八七年第二座工廠竣工、開始運轉。自動紡織機械雖然能夠高效率地製造產品，但是因為使用易燃原料，同時機械各部位也容易產生摩擦，所以火災風險很高。儘管再怎麼小心注意，第一座工廠還是在一七八八年全部燒毀。之後戴爾又重建燒毀的第一座工廠，並且陸續興建第三和第四座工廠。

兒童勞動

當時新拉奈克的員工幾乎都是兒童。一七九三年的員工人數共有一千一百五十七人，其中大人只有三百六十二人，剩下將近八百人都是兒童，同時其中有四百五十人都不滿十歲。戴爾到附近地區的孤兒院去請他們介紹兒童到自己工廠來工作。

當時的英國讓兒童在工廠工作是很平常的事。在工廠裡是由機械來製造產品，所以不需要太多熟練的工匠，一般都會用很低的薪資僱用大量兒童來輔助機械作業。戴爾的工廠裡也僱用了許多兒童，不過跟其他工廠相比，衛生狀態佳，市公所保健局也給予很高的評價。

新拉奈克的兒童從早上六點工作到晚上七點，一天工作十三小時。戴爾認為兒童除了工作、學習也很重要，所以設立了讓幼兒和兒童學習的學校。兒童結束在工廠的勞動後，每天都要到學校學習兩個小時。

戴爾退休

重視衛生及教育的工廠村經營獲得好評，一七八五年起的五年內，共有三千人來參訪。其中也包括經由戴爾的女兒介紹來、於一七九八年拜訪新拉奈克的歐文。

當時戴爾正為了退休做準備，開始要出售幾處名下的工廠。一八〇〇年他將新拉奈克工廠賣給歐文等人；一八〇一年賣出卡特林工廠[1]；一八〇四年賣出斯平寧代爾工廠[2]；一八〇五年賣出德蒙納加工廠[3]。隔年一八〇六年，戴爾在家人的圍繞下離開了這個世界。

歐文的新拉奈克

跟戴爾的女兒結婚、取得新拉奈克工廠村的歐文，從一八〇〇年開始統治工廠村。歐文比戴爾年輕三十二歲，開始統治工廠村時才二十九歲。村人當然會對年輕統治者歐文感到不信任。於是歐文告訴了村人他「充實勞動條件和勞動環境、提高生產性、公平分配利潤」的想法（注1）。並

圖4—位於工廠村中央的歐文家。後方可以看到戴爾家。

且陸續實現許多措施，諸如①禁止體罰；②禁止突然解僱；③縮短勞動時間；④提供優質住宅；⑤確立公共衛生檢查制度；⑥由公司所管理的商店提供優質且廉價的飲食；⑦建立性格形成學院提供道德教育；⑧設立由公司和勞工共同分擔的保險制度；⑨設立勞工共同出資之儲蓄銀行等。

新拉奈克的薪水並沒有比其他工廠高，但是這裡的住宅房租便宜，商店裡的商品也比較便宜，所以居民的可支配所得較多。另外，在這裡有完備的街燈、眾人皆可使用的大廳，居民生活可說相當充實。凱瑟尼斯棟[4]這些住宅現在仍有人使用，蓋在日照充足的地方。

新拉奈克的商店

一八一三年開業的商店由歐文自己負責採購，以接近成本的價格賣給居民。藉此，可以大量購買優質商品、降低費用，另外也可避免威士忌等村中並不需要的東西被帶進來。此外，商店產生的利潤會定期回饋給村民。這也可以說是合作社的出發點。

這間商店目前依然存在，除了販售以觀光客為客群的伴手禮外，也提供新拉奈克當地居民日用品。在後面房間有一處重現以前商店樣貌的空間，展示著當時商店秤重販賣的狀況。另外還掛了一塊顯示合作社方式如何遍及全世界的板子，說明了這種方式如何影響到羅岱爾先鋒合作社。

新拉奈克的教育

一八一六年，歐文設立了性格形成學院。學院中有「學校」和

1 譯者注：Catrine。
2 譯者注：Spinningdale。
3 譯者注：Dalmarnock。
4 譯者注：Caithness Row。

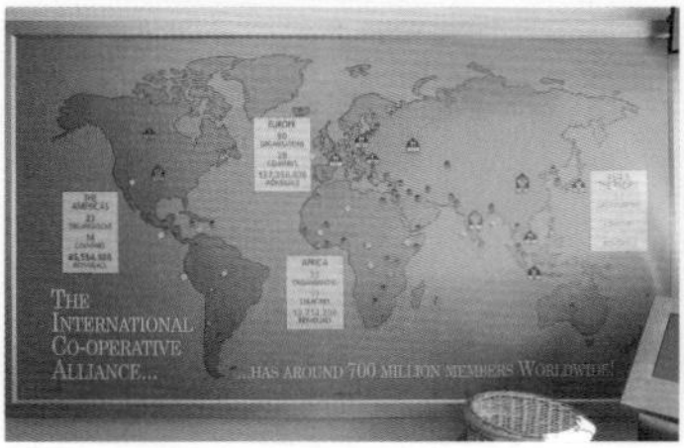

右上圖5—廠內住宅凱瑟尼斯棟。南邊有庭院，環境良好。
右下圖6—一九〇〇年左右的商店和員工。現在同一地點也仍然有商店。
左上圖7—現在的商店。
左下圖8—商店裡的展示。銷售日用雜貨和伴手禮等。介紹全世界的生活合作社，從中可了解歐文的思想影響了後來的生活合作社。

「研究所」。兒童從一歲半起便可入學，十歲之後就要到工廠工作。依照當時的常識，大家認為如果讓兒童去上學就無法取得廉價的勞動力，但是歐文認為，如果兒童上學，母親就可以得空，大可讓母親到工廠工作。

學校教育禁止體罰和提供報酬。同時也規定不強迫兒童接受獨善其身式的宗教或者閱讀他們不想看的書。特別是以文字抽象表示事物的書籍，歐文認為「兒童本來就不擅長閱讀」，基於這個想法，他徹底地執行實物教育。兒童可以走出學院的建築物，在自然中散步，或者在建築物中唱歌跳舞，把石頭、花草、動物帶進教室中，從觀察實物中學會許多知識。如果學生在這些學習中產生求知的欲望，想了解光靠觀察無法理解的事物，才表示他們已做好以閱讀來學習的準備。

現在我們可以參觀當時性格形成學院的「學校」，至今仍然可以感受到當時重視實物教育的氣氛。教室裡除了大地球儀和圖畫，也展示了石頭、花草、鱷魚等動物，可以想像孩子們得以藉由觀察實物學到許多事。另外也有復原版的當時兒童所穿的制服，任何人都可以自由試穿。

此外，「研究所」也開設夜間課程，讓十歲到二十歲的兒童在工廠下工後的時間可以來學習。

歐文以後的新拉奈克

在新拉奈克的統治上獲得成功的歐文赴美打算設立新和諧村這個共同體，也就是新拉奈克的擴大版，但這項事業最後以失敗告終。喪失財產、也無法繼續參與新拉奈克經營的歐文在一八二五年出售新拉奈克。

之後新拉奈克再也未受到矚目。工廠村數度易主，但再也無人具備歐文優異的宣傳能力，也沒有財團界的人脈。

終於，新拉奈克的紡織工廠在一九六八年關閉。一九七〇年一

右上圖9—現在的性格形成學院。內部有模擬過去樣貌的展示區。
右下圖10—反映性格形成學院以實物進行教育的展示。過去也曾將鱷魚帶進教室以供教學。
左圖11—學院的制服，聽說制服是歐文親自設計的。

間從廢鐵提煉鋁的公司買下新拉奈克的土地和建物，工廠廠區內出現堆積如山的廢鐵。機械化的廢鐵工廠並不需要太多勞工，所以在一八一八年曾有兩千五百人的村子，到了一九七〇年代居民減少至八十人。

之後新拉奈克的歷史價值再次獲得重視，陸續展開重新整建新拉奈克、作為歷史遺產保存的種種活動。一九八三年政府發布了強制收容命令，新拉奈克保全財團保留了工廠村。一九九三年時，最古老、保存也最困難的第一工廠外牆修復完成，建築物內部變更用途，成為飯店和餐廳。其他建築物也經過逐步補修，成為觀光導引設施或者教育設施。性格形成學院和商店也經過改裝，在二〇〇一年登錄為世界遺產。

圖12—新拉奈克的羅岱爾先鋒合作社一五〇週年紀念旗。

合作社運動

新拉奈克的講堂有一面羅岱爾先鋒合作社設立一百五十週年的紀念旗。如同紀念旗上所寫，羅岱爾先鋒合作社設立於一八四四年。設立時的三十位社員中有十五人是歐文主義者，這也決定了合作社的性質。合作社援用歐文所主張的合作社方式，打下遍及全世界的生活合作社基礎。

羅岱爾先鋒合作社並非合作社的始祖。過去有很多人比他們更早嘗試合作社的體制，但是所有的嘗試幾乎都失敗了。比方說一八三〇年同樣由羅岱爾發起了共濟合作社。共濟合作社成立工廠、製造製品，以及設立銷售這些商品的商店。可是一八三五年時商店卻關門了。原因在於信用交易。這個時期的合作社依照當時的慣例，付款上幾乎都採用信用交易的方式，所以往往會產生資金週轉不靈、事業倒閉的狀況。

羅岱爾先鋒合作社

羅岱爾共濟合作社雖然失敗，但是這次經驗給參加合作社的查爾斯．豪沃思等人很大的教訓。豪沃思等人記取這次教訓，在一八四四年成立了羅岱爾先鋒合作社。豪沃思擔任初代合作社社長，開設了小規模商店。當然這

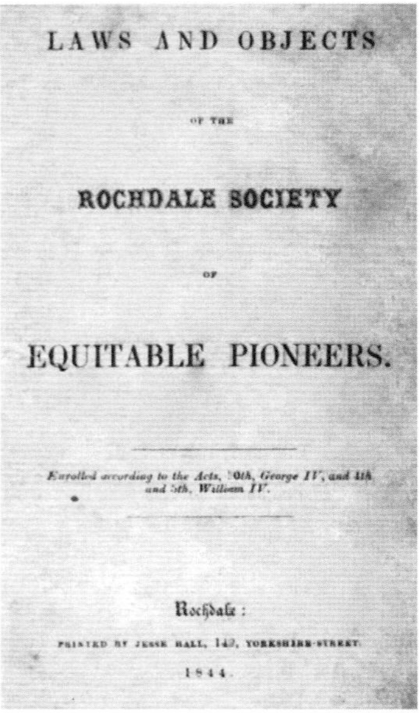
LAWS AND OBJECTS

OF THE

ROCHDALE SOCIETY

OF

EQUITABLE PIONEERS.

Enrolled according to the Acts, 10th, George IV, and 4th and 5th, William IV.

Rochdale:

PRINTED BY JESSE HALL, 143, YORKSHIRE-STREET.

1844.

上起，圖13—現在的羅岱爾先鋒合作社的據點設施。合作社最初開業時的商店建築物，現用為展示其設施的功能。
圖14—一八四四年發刊的羅岱爾先鋒合作社指南。裡面記載了「從小培育到大」的戰略。
圖15—還原當時商店內的裝潢。所有商品皆為秤重販賣。

裡主要以現金交易為基準。這跟當時的習慣很不一樣，所以原本未能獲得當地人的認同。

羅岱爾先鋒合作社雖然是由歐文主義者所建立的組織，但是他們並沒有完全依照歐文的想法，因為他們已經知道歐文過去經歷了多次失敗。儘管贊同歐文提倡的合作社會論，可是在實現方法上卻採用了跟歐文相反的方式進行。就和在新拉奈克時一樣，歐文希望先打造出一個合作社會，然後進一步充實環境和教育，以實現居民的幸福生活。

可是「先建構起合作社會」這件事並不容易。事實上歐文向州長提出「拉奈克州報告書」，建議打造一個合作社會，但是並未被採納，美國的新和諧村也失敗了，在當時仍為墨西哥領土的德州所計畫的協同村受挫，女王森林社區的大規模開發也進展得不順利。

於是，觀察到這些事實的羅岱爾歐文主義者認為，首先應該創設小商店銷售優質商品，然後逐步建設製造商品本身的工廠，增加在工廠內工作的合作社社員，然後建造社員居住的住宅，並整頓可供社員耕種的農地，總有一天可以實現製造、流通、教育等所有功能兼具的合作社會。也就是「從小培育到大」的戰略。這跟歐文偏好的「一口氣到位」戰略的進展方法儘管不同，但最後期望達成的目標社會都是一樣的。

採行「從小培育到大」戰略的羅岱爾先鋒合作社，一開始創設的商店裡銷售的商品非常有限。開店當時銷售的商品只有砂糖、奶油、麵粉、燕麥、蠟燭，並且以秤重方式販賣。之後業務急劇發展，開始擴展銷售品項，也販賣包括紅茶、香菸等商品。

羅岱爾的教育

商店開業四年後的一八四八年，羅岱爾的文學社團「民眾社團」5解散，羅岱爾先鋒合作社買下了其藏書一千一百多冊。合作社跟歐文一樣重視教育，所以馬上擴建店面，打造出可供社員閱讀藏書的讀書室。另外也定期舉辦演講會和討論會，確保社員接受教育的機會。

一八五〇年，學校得以設立；自一八五五年起，他們還開始了社會教育。另外在合作社的邀請下，大學教授也來進行開放式課程，後來更連帶促成大學開放運動。一八六七年，合作社的新教育中心落成，除了圖書室和讀書室外，這裡整備了各種教育設施。羅岱爾先鋒合作社的目標是「除了填飽肚子，也要滿足求知欲」，由此也可看出歐文的影響。

只要有想設立合作社的人，羅岱爾先鋒合作社隨時都願意回應，另外也從這些諮商中整理出合作社的要點，公開為「羅岱爾原則」。其中包括資本得自己籌措、利益公平分配、銷售優質商品、現金交易、男女平權、部分利潤用於教育、定期進行事業報告等。明示這些原則後，羅岱爾先鋒合作社的想法開始擴及整個英國。事實上在設立英國合作社聯合會6時，也有很多羅岱爾成員擔任要職。羅岱爾原則後來又被國際合作社聯盟7沿襲，影響了全世界的生活合作社。

5 譯者注：the People Society。
6 譯者注：Co-operatives UK。
7 譯者注：International Cooperative Alliance。

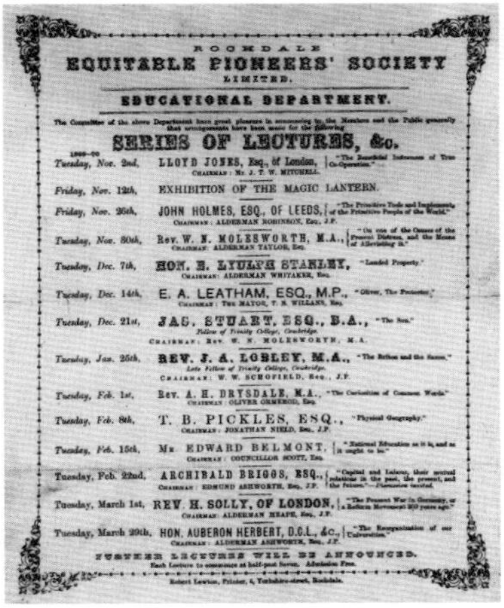

圖16－一八七〇年左右羅岱爾先鋒合作社推出的講座課程，這個時期課程通常在星期二和星期五舉辦。

圖17—賀川豐彥。推動日本合作社運動的人物。

對日本的影響

日本的生活合作社基礎是由社會事業家賀川豐彥所奠定下來的。一九一九年，賀川參照羅岱爾原則，在大阪設立了「消費合作社」。之後，為了讓川崎造船所的勞工能生活得更輕鬆，打算設立消費合作社的青柿善一郎得到賀川的建議，也接受企業家福井捨一的支援，在一九二一年設立了「神戶消費合作社」。同年，企業家那須善治在平生釟三郎的介紹下認識了賀川，對賀川的想法深感共鳴，設立了「灘消費合作社」（注2）。

始於關西的合作社運動漸漸擴及全國，一九五一年，日本生活合作社聯合會成立。首任會長為賀川。這個組織也加盟了國際合作社聯盟。始於歐文的合作社會思想，輾轉經過羅岱爾先鋒合作社、賀川豐彥，也在日本發揚光大。

歐文的遺產

美國思想家拉爾夫・沃爾多・愛默生[8]拜訪晚年歐文時曾經問他：「你有幾位弟子？其中有幾個人正確繼承、執行你的想法？」而歐文回答：「一個都沒有。」（注3）。

我們確實沒有看過正確執行歐文想法的後繼者。歐文為了正確實行自己的想法，也歷經了數度失敗。後來的歐文主義者都自己解讀歐文的意思，以可實現的方法從事各種事業。

但是這些嘗試從根本來看，都與歐文所提倡的合作社會論相通。透過可實現的事業，他們發現唯有「本於現實的合作社會論」才能教給活在現代的我們許多知識。那就是「重視人類道德、以相互扶助為基本」，並且「建立一個以擴大家庭般互信關係為基礎的社區」，「由自立的個人與個人之間互相合作」，「重視培養以道德和合作為主軸的人性之教育」。

大家或許覺得這些合作社會論都已經是老生常談。可是透過戴爾和歐文的實踐、後來的歐文主義者的實踐，還有在日本賀川豐彥的實踐，參考前人一路以來所重視的價值，這些都成為了我們今後推展事業上值得參照的指標。

透過許多實踐琢磨打造出的「本於現實的合作社會論」，在這個與他者競爭激烈、難以形成互信夥伴關係，而且再怎麼工作也很難換取安心生活的現代，可說提供了我們值得再次深究、叩問的觀點。

注

1 歐文在一八二〇年出版了《對拉奈克居民的演講》，將他「合作社式」的想法推廣給大眾。

2 一九六二年灘生協跟神戶生協合併誕生了「灘神戶生活合作社」。這是日本規模最大的生活合作社。一九九一年時，創立七十週年的灘神戶生協更名為「Coop神戶」。

3 新拉奈克信託《新拉奈克故事》，由新拉奈克信託出版。

8 譯者注：**Ralph Waldo Emerson**，一八〇三－一八八二，美國哲學家、作家、無教會主義先驅。

第七章

賢者　湯瑪斯・卡萊爾

1795-1881。英國評論家、歷史學家，維多利亞時代的意見領袖之一。著迷於歌德等人的德國浪漫主義文學，批判功利主義，認為英雄可秉持正義拯救混亂的社會。

Thomas Carlyle

寫在印尼

書寫這篇文章的原稿時，我人在印尼。我受邀到這裡來介紹社區設計，巡迴雅加達、棉蘭、泗水這三個都市舉辦演講和工作坊（注1）。

看到印尼的都市，令我聯想到工業革命時期的英國。當然，國家和時代不同，無法進行單純的比較，但比起從現在的日本去想像，我認為印尼或許更接近當時的英國。人口急遽從農村集中到都市、都會區的廢氣和粉塵多、下水道尚未十分完善、工廠呈加速度成長、手工作業逐漸機械化、貧窮人口多、兒童勞動成為嚴重問題等，現在印尼都會的種種弊害都很接近當時英國工業都市裡的問題。

現在印尼人搭乘汽機車、使用智慧型手機，但同時也可以看到成排的人坐在路邊，兒童敲打塞在車陣中的汽車車窗兜售貨品（圖1）。我去參觀了香菸工廠，裡面有一千位女性像機械一樣不斷捲著香菸，不過工廠主人計畫推動機械化，幾年後即將有一千名失業人口。除了市中心以外，印尼的馬路幾乎沒有鋪設柏油，汙水直接流入河川，水道散發著惡臭（圖2）。他們再三提醒我：「自來水

圖1—棉蘭市中心的街道。故障的汽車在道路中央進退不得，路邊有成排銷售鱴貨的店（路邊攤販）。路面沒有鋪設柏油，可以看到亂丟的垃圾。

喝了會拉肚子，千萬別喝。」

身處於這種都市，一邊撰寫跟工業革命時期的英國相關的稿子，讓我更有臨場感。我回想著歐文、羅斯金、莫里斯、湯恩比、希爾、霍華德活躍的時代，繼續寫下跟他們活躍在相同時代的湯瑪斯．卡萊爾的事蹟。

維多利亞時代

他們那個時代被稱為維多利亞時代。尤其是羅斯金，完全是維多利亞時代的人。畢竟他跟維多利亞女王同樣在一八一九年出生，在一九〇〇年過世，剛好是女王過世的前一年。

這個時代科學發展迅速，推動了技術水準的提升。因此在產業界中勞動機械化程度加深、生產力提高，許多人都獲得了莫大的利益。這些人以到手的利潤為資本，接二連三開發出新事業在各地建造工廠。跟以前比起來生活更加方便，也可以買到想要的東西，經濟更加活化。很多人都認為，社會確實進步了，滿懷興奮期待。我想一定也有很多人深信生活會更加「富足」。十九世紀初葉的狀態一定跟二十一世紀初所謂「資訊革命」、「網際網路革命」新時代

圖2—雅加達的排水溝。這是家庭汙水排放的地方，水質極糟，水面散放惡臭。頻頻從河底冒出氣泡。大概是甲烷等發酵氣體從污泥中冒出來了吧。

揭幕時一樣，充滿了對未來的希望。

在這樣意氣風發的時代中，依然有人愁眉不展、憂心未來，羅斯金也是其中之一。他們承認勞動機械化後生產力確實提高了，但同時也擔心從事手工製造業的人可能會因此失業。另外他們也慨嘆，當工廠不斷分工，將會剝奪人在工作中的樂趣。

他們直指勞工和資本家差距日益擴大的問題，點出排煙和粉塵帶來的空氣污染、下水道工程遲緩使得汙水容易滋生病原菌等情形。一旦瘟疫或霍亂大流行，受限於經濟能力而只能住在不衛生住宅的勞工，就有可能以數萬條人命的規模喪生。但是勞工漸漸集中在都會區，官方的衛生政策根本追不上社會的改變速度。

科學發展帶來的影響不僅出現在技術或產業領域。過去能以宗教來解釋的社會結構，現在科學也試著從其他角度來說明。達爾文的進化論就是其中很有代表性的例子。因此大眾失去了宗教這個心靈依靠，與宗教之間的連結也漸漸薄弱，人與人互相合作的機會也相對減少。

有很多人因為工業革命，對如夢一般的未來滿懷期待，但是也有人對此不表示樂觀，「這樣下去只會迎接地獄般的未來」、「在那之前市民可能會先掀起革命」。這些人中最具代表性的就是後來被稱為「維多利亞賢者」的湯瑪斯・卡萊爾（一七九五年生）、約翰・史都華・彌爾（一八〇六年生）[1]、阿佛烈・丁尼生（一八〇九年生）[2]、約翰・羅斯金（一八一九年生）、馬修・阿諾爾得（一八二二年生）等人。其中最年長的卡萊爾因為他長久居住的地方，而得到「赤爾夕賢者」的稱號，給後人帶來許多影響（圖3）。

學習歷程

一七九五年十二月，卡萊爾生於蘇格蘭的埃克爾費亨村。父親是石工工匠，家境貧困。卡萊爾生長在勞工之家這一點，可說是「維多利亞賢者」中較獨特的背景。其他賢者多半生長在思想家或神職人員、富商家中。也就是說，大家多半都是透過書籍等媒介，間接了解工業革命帶來的負面影響。儘管大家都企圖努力改善社會，不過其實並沒有真正在貧窮中成長的經驗。而卡萊爾自己出身貧窮勞工之家，父親曾經數度失業。卡萊爾的社會改革可以說是一種根據實際經驗的切實提案。

卡萊爾家儘管貧窮，卻有相當虔誠的宗教信仰。父母親期待卡萊爾能當個神職人員，他本人也帶著這個打算用功唸書，小時候極擅長拉丁文、法文、數學等學科。但另一方面，他也有極神經質的一面，在學校似乎遭受過霸凌。五歲到十三歲的學校生活結束後，他用父母親攢來讓他當上神職人員的學費進了愛丁堡大學。當時蘇

1 譯者注：John Stuart Mill。
2 譯者注：Alfred Tennyson。

圖3－卡萊爾度過後半生的赤爾夕自宅。這棟建築物有美麗的後院，現在是卡萊爾博物館。牆面掛著卡萊爾側臉浮雕。在日本因為夏目漱石曾經造訪寫下《卡萊爾博物館》而著名。

格蘭的大學跟英格蘭的大學不同，是貧童自十三歲起學習的地方，並未提供太高等的教育。其實卡萊爾對大學的教育內容並不滿足。再加上他為了上大學搬到愛丁堡，當地人口密集、不衛生，因此神經質的卡萊爾身體常常不舒服。

十七歲結束大學課程的卡萊爾進入夜間部的神學院就讀。白天他是學校裡的算術老師，晚上在大學裡學習神學。不過當他學習到數學、物理、天文學後，漸漸對現有宗教抱持疑問。卡萊爾出身於一個信仰至上的家庭，他對於自己無法相信宗教這件事感到相當苦惱。

於是，二十一歲時他放棄了成為神職人員的夢想，二十二歲時也放棄了教職。卡萊爾離開大學的神學院，也辭掉學校的教師工作。卡萊爾寫給朋友的信上說：「當神想讓一個人不堪到滑稽的地步，就會讓這個人當老師。」從這時期起他開始患上神經性胃痛，也因為對噪音有神經過敏的反應而出現失眠症狀。

對德國的嚮往

辭去教職的卡萊爾，從二十三歲開始學習礦物學。為了學習德國礦物學，他得先學會德文。結果他在途中放棄了礦物學的學習，可是卻迷上了德國文學。對卡萊爾來說，當時的德國是理想社會的典型。在德國文學中他又特別崇拜歌德。

當然，那時候卡萊爾沒有實際去過德國，可能把德國和歌德過度美化。不過假如他因美化而建立起的世界觀確實為後來的年輕思想家帶來深厚影響，那麼一定也可以從他的「美化」中找到一定的價值。卡萊爾初次造訪德國是在這三十多年後。當然那時歌德已經過世，兩人實際上並沒有見過面。

二十七歲時，卡萊爾在愛丁堡開始撰寫《席勒傳》[3]的連載文章。這部發表在《倫敦》雜誌[4]上的連載作品，描寫了跟歌德有深厚交情的席勒一生，兩年後發行了單行本。另外卡萊爾二十八歲時也將歌德所寫的《威廉・邁斯特的學習年代》[5]翻譯成英文出版。

因為此書的翻譯出版，卡萊爾有機會跟住在德國的歌德通信，卡萊爾把歌德視為「精神之父」。這時卡萊爾二十八歲、歌德七十五歲。面對神經質、過度煩惱的卡萊爾，歌德聆聽他的苦惱、給他忠告，為他指出方向。歌德也稱讚《席勒傳》的內容，給他信心，並鼓勵卡萊爾不管別人說什麼都要走在自己堅信的道路上。因此卡萊爾漸漸恢復精神上的健康，得以保持自信繼續執筆著述。

在人生中能找到尊奉為師的人其實很幸福。在社區設計的現場，我們經常處於精神上相當緊繃的高壓狀況。進入一個地區的初期，可能得忍受居民懷疑的眼光或疏遠的態度。也可能有人對工作坊的進行方式提出批判。這種時候重要的並非傳授社區設計技術指導的前輩，而是能共享同樣煩惱、提出因應對策，並且一起活動的「師父」。卡萊爾和歌德兩人的關係告訴我們，儘管未曾謀面，也有可能建立起良好的互信關係。現在這個時代，儘管分隔兩地，一樣可以運用電子郵

3 譯者注：*The Life of Friedrich Schiller*。
4 譯者注：*The London Magazine*。
5 譯者注：*Wilhelm Meisters Lehrjahre*。

件、SNS、Skype或Hangout等工具建立起互相支持的關係。這時候就算是經過理想化、美化也無所謂，能夠擁有對對方的「憧憬」，或許也是一項重要的因素。

相反地，在人生中能有稱之為「弟子」的人，也是一種幸福——即使在他們身上看到的「可能性」也有最容易被理想化和美化的風險，不過假如能在弟子身上感受到無限的前景，也未嘗不是件美事。歌德深信身在異國的年輕弟子身上無限的可能性，就這樣度過他的餘生，在一八三二年離開了這個世界。

這一年卡萊爾三十六歲。卡萊爾藉由跟歌德的魚雁往返獲得了精神上的安定，並且培養出行動意願，但很遺憾地，他終其一生都無法克服胃痛的問題。卡萊爾後來曾經感嘆：「要是我的體內沒有胃這個器官，人生一定能獲得真正的快樂。」

卡萊爾的女性觀

卡萊爾二十五歲時經由友人的介紹認識了珍[6]這位女性。卡萊爾對珍很有好感，不過珍喜歡的似乎是中間這位介紹的朋友。起初卡萊爾寄去的信只能得到珍冰冷的回答，但是漸漸地，珍透過卡萊爾學習了語言和文學，也更了解這個社會，同時也開始尊敬卡萊爾，五年後，他們步入結婚禮堂。

寄給珍的信中可以一窺卡萊爾的女性觀。卡萊爾認為女性「不是靠力量、而是靠柔弱來征服男性」，他覺得女性就是一群「藉由順從男性來控制男性的人」。

在社區設計的現場也經常看到這種女性特質。參加我們工作坊的女性，幾乎沒有人會跟好爭論的高齡男性站在對立的立場。她們不像男人之間那樣，一定要爭個高下是非。表面上看起來似乎都順從著男性的意見，但從結果看來，事情往往朝她們想要的方向進展——但是男性卻沒有發現這一點。簡直像變魔術一樣（圖4）。

在studio-L的女性員工活動主導中也可以看到同樣的特徵。卡萊爾所說的「不是靠力量、而是靠柔弱來征服男性」，可說是男性社區設計師應該學習的能力之一。

針對女性觀這一點，從卡萊爾身上獲益匪淺的羅斯金後來寫了《芝麻與百合》這本書。正如前文中曾經提過的，這本書是羅斯金的讀書論以及女性論，其中出現的理想女性形象就與珍非常類似。接觸過珍的人無不因她的才能、個性、口才而深受吸引，羅斯金也是其中之一。所有跟她接觸過的人都會驚訝地發現，珍雖然尊重丈夫卡萊爾，但也充分發揮了自己的才能。她待人體貼、有驚人的記憶力、寫出的書信字句優美，宛如文學作品。

羅斯金說道：「男人的力量是積極、前進、防禦性的。男人具

6 譯者注：Jane Welsh Carlyle，一八〇一－一八六六。

圖4—社區設計的現場有許多活躍的女性。我們初期參與的兵庫縣家島地區的女性也極為可靠地推展各項活動。廣島縣佐木島上的媽媽們也順利地推動了事業。照片是佐木島的媽媽們。

備活動者、創造者、發現者、防禦者等特質。這種知性適合思索和發明，這些能量可以發揮在冒險、戰爭、征服上；但女人的力量適合統治、並不適合征戰。女人的知性不適合發明或創造，適合溫柔的指示、整理、判斷。女人深知事物的本質、該有的樣態、追求的方向。女人擁有讚美的力量。女人不與人爭，女人可以正確地判斷爭執帶來的勝利是否適當。」這些表現都讓人聯想到卡萊爾之妻——珍。

卡萊爾的思想固然有許多值得學習之處，但是從社區設計師的眼光來看，他的人格卻很難找出值得效法的地方。此人愛挖苦嘲諷又易怒，經常因為胃痛鬧脾氣，而且個性神經質、不善與人交際。但是從他妻子珍的人格上，卻可以找出許多所有社區設計師——不分男女——都應該學習的地方。

《時代的徵候》[7]

結婚兩年後，三十二歲的卡萊爾搬到妻子珍娘家奎根浦多克[8]的農場。這裡跟愛丁堡不同，農場的空氣清新、噪音少，應該可以專心寫作。他的妻子和弟弟負責家事和農業，卡萊爾繼續執筆著述。儘管物質貧乏，生活還是可以維持下去，不過有好一段時間他都沒有跟家人以外的人說過話。

漸漸地，卡萊爾開始不擅長與人交往，他還半開玩笑地對珍說，想創立一個「厭世協會」。

卡萊爾在這個家中寫就了《時代的徵候》這篇論文，在雜誌上發表。卡萊爾在文中點出，由於工業革命帶來的機械文明滲透到生活各個角落，連人類的思考也變得機械化。機械式的思考會破壞人類原本的自然天性，影響人跟人之間的連結。他就此現象敲響了一記警鐘，認為過去沒有任何因應對策的英國政府和貴族階級的人，應該要改變國家的統治方式。

讀了這篇論文後，羅斯金決心寫下《給後來者言》；馬修・阿諾爾得也受到這篇論文的刺激寫了《文化與無序》[9]。另外美國的拉爾夫・沃爾多・愛默生則對卡萊爾所謂「機械式的思考會破壞人類原本的自然天性」深表贊同。於是，這篇論文讓在奎根浦多克農場埋頭執筆的卡萊爾漸漸成為文壇矚目的焦點。

《衣裝哲學》[10]

卡萊爾在奎根浦多克農場幾乎不與外人見面、集中寫作的結果，就是完成了《衣裝哲學》一書的原稿。不過他並沒有一口氣公開這份原稿。當時他把原稿拿到倫敦的出版社希望能成書出版，但每間出版社都面露難色。當時正值選舉法改訂時期、局勢相當不穩定，另外卡萊爾艱澀難懂的獨特文筆可能也是影響出版意願的因素。

---

7 譯者注：*Signs of the Times and Characteristics*。
8 譯者注：Craigenputtock，蘇格蘭南部地名。
9 譯者注：*Culture and Anarchy*。
10 譯者注：*Sartor Resartus*。

因此卡萊爾將原稿分成九章，每個月在雜誌上連載。於是，在卡萊爾三十七歲到三十八歲之間，《衣裝哲學》陸續在雜誌上刊載。在他四十二歲時，《衣裝哲學》終於順利出版成書。

卡萊爾在《衣裝哲學》一書中想要傳達的概念如下。人類以往所建立起的習慣或制度，都是為了裝飾生活或者讓生活更加舒適；換句話說，就像是裝飾身體、穿來舒適的服裝一樣。當穿著服裝的人有所成長、變化，服裝也必須隨之修補、重製。假如細部修改已經無法因應，就得換穿全新的服裝。現代社會可說是穿著一套不合身的衣服，所以應該要為了新社會重製一套新衣並換上才行。

這種想法也可以套用在現代的日本。過往的制度和習慣再也行不通的狀況比比皆是。日本社會就像是穿著不合身的衣服一樣，必須設計新裝、重新換穿。那麼什麼才是適合的新衣呢？卡萊爾期待能有一位英雄出現，為新社會設計一套新衣。他並沒有想過可以藉由居民之間的對話來設計新衣。

從實踐社區設計的立場來看又如何呢？難道不去選擇如卡萊爾所期待、替國家整體換上新衣的英雄出現這條路？沒錯，我們不這麼想；反而是要跟每個地區社會上的居民一起討論衣服該有的樣子，透過活動來縫製新衣，這才是理想的方法。而我們也希望讓其

圖5—在新潟縣燕市舉辦的「燕市青年大會」。地方上年輕人不斷舉辦工作坊，提出對地區社會有益、自己也覺得有趣的專案。同時不止提案，也展開實際活動。確實印證了「地方上的問題必須靠行動來解決」。

他社區看到這種「藉由居民參加來縫製新衣」的過程，漸漸把這種趨勢帶到全國。因此社區設計師並不期待有一位能替全國換上新衣的英雄出現，我們期待的是能夠實際付諸行動，設計並縫製地區社會新衣的英雄式居民的活動（圖5）。

《衣裝哲學》中經常引用歌德的話，「任一種類的疑問，如果不付諸行動就無法解決」這句話也是語出歌德。想要替地區社會換上新裝，光是坐著討論也沒有意義，沒有實行，就不可能想出解決辦法。所以我們除了透過工作坊互相討論之外，也會以打造團隊的方法來凝聚夥伴，在可能範圍內開始活動。一開始活動就可以慢慢看到其他人的反應，也會漸漸明白地區社會的新衣該是什麼樣子。

愛默生的來訪

卡萊爾夫妻的鄉居生活持續了六年。原本以為在空氣清新又沒有噪音、房租便宜的奎根浦多克農場，可以過著穩定的生活，因此才搬來鄉下，沒想到農務和家事遠比想像中繁雜，冬天道路因為積雪而封閉，附近沒有其他人也相當孤獨冷清，幾乎無法跟人有知性的交流，也無從獲取執筆時所需的資料。

三十八歲的卡萊爾開始考慮遷居倫敦。這時，農場突然來了一位訪客，那就是愛默生。愛默生從美國踏上旅程，經過義大利、法國，來到英國。他在雜誌上讀過《時代的徵候》和《衣裝哲學》，十分希望能在英國見到卡萊爾，因此特地來到奎根浦多克。

當時愛默生三十歲、比卡萊爾年輕八歲。愛默生在卡萊爾夫妻家住了一夜，三人暢談許久，特別針對英國和美國歷史上的英雄，提出了彼此的看法。

卡萊爾經常把出現在歷史上值得尊敬的英雄稱為「夥伴」。他說，知道每個時代都有懷抱著煩惱，而願意以實際行動做點什麼的夥伴存在，實在很令人欣慰。卡萊爾說：「了解夥伴的人生，是無法以言語形容的快樂。知道這個人的內在、了解他的行動，解讀他當時在想什麼：這不僅是知道對方的內在而已，也能從其內在觀察到他所身處的外在世界，得以看到與那個人眼中相同的世界。藉此，我們不再是空憑理論來解釋一個人，而可以完全成為那個人。完全理解他在那個時代想些什麼、做出什麼行動、相信著什麼。」

我的歷史觀也受到卡萊爾的影響。歷史上的人物在什麼樣的狀況下思考著什麼、進行什麼樣的活動？我很喜歡把自己放在對方的立場來想像，本書也可以說是這種活動的一環。羅斯金等歷史上的人物曾經思考、實踐的事，我會置換成現代日本社區設計師的立場來思考。所以比起年號，我更注意年齡，我喜歡想像每個人在各個年齡時在做些什麼，年齡增長後他們又有什麼想法上的轉變。

卡萊爾說：「歷史具備樂趣和學習兩個面相。」我們對於歷史

圖6—北海道黑松內町進行的「車庫燒烤工作坊」。黑松內町很多人喜歡在自家車庫舉辦「車庫烤肉」，於是我們借用農協的倉庫舉辦「車庫燒烤工作坊」，因為看起來很有趣，所以吸引了許多參加者前來一起討論地區的未來願景。

上的峰迴路轉覺得有趣，也從中學習到許多。這就是歷史「寓教於樂」的力量。

同樣地，我們也可以在社區設計現場看到一樣的狀況。居民覺得不有趣，自然就不會參加工作坊。光是告訴大家要認真學習，參加者只會愈來愈少。我們會先以破冰遊戲讓初次見面的人打成一片，然後在工作坊中進行熱烈討論，最後以戲劇方式發表討論結果。結束之後大家一起吃飯，或者為了學習更多案例一起去旅行。在這一連串的過程中，我們經常放在心上的就是「樂趣」這件事，一邊享受各種樂趣一邊學習，從中逐漸找出更多社區可以改善的地方（圖6）。

當然，有時候也需要滿懷熱情的激烈討論或者演說。但包含了這些部分在內，我認為都是卡萊爾所指的「樂趣」。卡萊爾也說過，為了享受真正的樂趣，必須「與人類純粹的本性對話」。

上圖7—赤爾夕卡萊爾宅邸最高樓層的書房。後方暖爐前是卡萊爾的書桌。桌上有仿卡萊爾手部的石膏像。
下圖8—現在的大英圖書館。大英博物館圖書館在一九七三年跟其他圖書館整併，成為大英圖書館。卡爾．馬克思流亡英國時，在這座設立於十八世紀的圖書館裡寫出了《資本論》等著作。

愛默生跟卡萊爾討論完歷史與英雄的隔天，往北繼續他的旅程。在那之後，卡萊爾跟愛默生持續了四十年的書信往來。而卡萊爾在這四十年間陸續發表歷史相關的著作：四十一歲時發表《法國革命》[11]；四十五歲時發表《英雄與英雄崇拜》[12]；四十七歲發表《過去與現在》；四十九歲發表《奧利佛・克倫威爾書信演說集》[13]；五十五歲發表《約翰・斯特林的一生》[14]；六十二到六十九歲發表《普魯士腓特烈大帝史》[15]第一卷至第六卷；七十九歲發表《古挪威的國王》[16]和《約翰・諾克斯的肖像》[17]。

《法國革命》

從奎根浦多克農場搬到倫敦的卡萊爾夫妻，在友人的建議下住進了赤爾夕的切尼洛地區[18]。當時卡萊爾三十八歲。他開始著手撰寫之前已開始構思的《法國革命》（圖7）。

在農場附近沒有地方可找資料，不過倫敦有大英博物館圖書館。當時圖書館不允許資料外借，只能在館內閱讀。卡萊爾開始勤跑大英博物館圖書館抄寫資料（圖8）。另外他的朋友約翰・史都華・彌爾借給他一百五十本關於法國革命的書。彌爾以前曾經打算撰寫跟法國革命有關的書，但後來打消了念頭，他心想當時收集的資料或許能對卡萊爾的寫作有所幫助，主動提議出借。卡萊爾相當感謝他的真摯友情。

一年後，卡萊爾完成了《法國革命》第一卷。他先讓出借大量資料的彌爾閱讀原稿。讀完原稿的彌爾對其完成度之高大受感動，他告訴卡萊爾想寫下自己的感想後再歸還原稿，希望能把稿子借他一段時間。

卡萊爾一口答應，靜待彌爾歸還加注的原稿，亢奮的彌爾帶著後來將與他結婚的朋友哈莉特・泰勒[19]一起趕到卡萊爾家，沒想到竟然不小心燒掉了《法國革命》的原稿。彌爾對此沒有做出任何辯解，卡萊爾也未曾詳述此事。看到臉色蒼白的兩人，卡萊爾也只能盡量安慰他們。

關於這次意外，後人做出許多臆測。有人認為彌爾可能把卡萊爾的原稿借給泰勒，但是讀完的泰勒把稿子放在桌上不小心睡著，而僕人誤以為那是不要的紙，拿來點燃暖爐的柴火。真相至今未明。不過卡萊爾從彌爾借來一百五十本書、勤跑圖書館後寫完的原稿化為灰燼是不爭的事實。關於此時的心境，卡萊爾如此形容：「就好像我把練習寫的作文交給學校老師，但老師卻撕碎了我的文章，要我寫得更好。雖然悲傷，但是我也只能聽老師的話。」

大約半年後，卡萊爾再次寫完《法國革命》第一卷，又過了半年寫完第二卷。完成第三卷時

---

11 譯者注：*The French Revolution: A History*。

12 譯者注：*On Heroes, Hero-Worship, and The Heroic in History*。

13 譯者注：*Oliver Cromwell's Letters and Speeches*。

14 譯者注：*The Life of John Sterling*。

15 譯者注：*History of Friedrich II of Prussia*。

16 譯者注：*The Early Kings of Norway*。

17 譯者注：*An Essay on the Portraits of John Knox*。

18 譯者注：Cheyne Row。

19 譯者注：Harriet Taylor Mill，一八〇七－一八五八。

是一八三七年一月，這一年卡萊爾四十一歲。

這本書的內容延續著前著《衣裝哲學》，認為法國的舊體制就像不符合社會現狀的舊衣服，因此人民才會發動革命、瓦解舊體制。革命後需要有一套新衣服，而這套新衣服不是由共和主義也不是由自由主義打造，而是要由英雄來提供。卡萊爾在書中指出，人民應該提高英雄出場的機會、協助出場的英雄，以此為提供給國家更好的服裝做出貢獻。

明治時期的思想家內村鑑三是卡萊爾的忠實粉絲，他一八九四年在箱根演講時曾經提到卡萊爾重新寫了一次一度燒毀的《法國革命》這件事，他提到《法國革命》這本書的內容雖然精采，但卡萊爾的「人生」更是足以激發我們動力的珍貴遺產（注2）。內村鑑三還強調「生活方式」、「Life」的重要性，這很明顯是受到羅斯金《給後來者言》的影響。

《英雄與英雄崇拜》

一八四〇年，卡萊爾舉辦了連續六次關於「英雄」的演講。每次演講的主題分別是①神、②預言者、③詩人、④神職人員、⑤文

圖9─現在的倫敦圖書館。一八四一年卡萊爾為發起人所設立的會員制圖書館。圖書可以外借的圖書館在當時相當罕見。現在只要支付年會費約八萬日圓，任何人皆可入會。我也很想加入會員，但不知道下次何時能再來倫敦，只好放棄，買了倫敦圖書館的圖書提袋作為紀念。

人、⑥帝王。這一系列演講的內容在隔年整理為著作《英雄與英雄崇拜》出版。卡萊爾認為，這六種英雄擁有共通的資質，那就是「堅定的信仰」、「誠實的心」、「解決社會問題的意願」、「強大的領導能力」。另外卡萊爾也批判當時的英國政界和資本家都不具備這些資質。

卡萊爾所分析的英雄必備資質，也可說是社區設計師必備的資質。「堅定的信仰」並不僅限於宗教，如果解釋為「希望地方變得更好的強烈心願」，確實是社區設計師不可或缺的資質。另外也必須相信地區居民的能力，帶著誠實的心建構關係、挑戰地區所面臨的問題。當然也有許多必須發揮強大領導能力的時候。

不過我們不能不注意到一點，那就是不能讓自己因此成為地區上的英雄。我們的目標應該是從地區居民中找出具備這類資質的人，在跟大家一起活動的過程中傳達我們的方法，漸漸發展到不需要我們幫助的階段。萬一地區居民對我們表現出英雄式的迎接態度，那麼就應該盡早自己卸下英雄的外衣，讓地區領導人穿上這件衣服。接下來，就該依照卡萊爾所說，不要成為英雄式地區領導人的絆腳石，應該盡量協助英雄所主張的活動，把改善地區轉變為各種樂趣。

《英雄與英雄崇拜》出版的時間是一八四一年，這一年卡萊爾開設了會員制的私人圖書館「倫敦圖書館」（圖9）。當時的圖書館無法將書本借出館外，所以想查資料的人得天天跑圖書館。卡萊爾在赤爾夕自家中撰寫《法國革命》、《英雄與英雄崇拜》的同時，腦中大概也同時構思著一座可以出借資料的圖書館吧。他四十五歲時開設的倫敦圖書館是一座劃時代的新穎圖書館，容許會員把書借回去，目前在倫敦還看得到該圖書館。我不禁要想，倫敦圖書館誕生的背景或許也跟卡萊爾頻頻來往大英博物館圖書館後、寫成《法國革命》原稿卻付之一炬這個痛心的意外有關。

《過去與現在》

卡萊爾很強調行動的重要性。他屬於「廢話少說做了再說」的類型。他曾經說過：「不管是多麼高尚的思想，人類最終的目標不是思想，而是活動。」同時他還說過勞動和工作的重要性，例如「能找到畢生志業的人，再也不需要其他的幸福」、「勤勞是針對人類各種疾病最有效的治療法」、「無法工作，就等於一個人無法完成使命，這是人類唯一的不幸」等，他一而再再而三強調工作的重要。

當卡萊爾講述他心目中理想的勞動時，心中的模範是中世紀的社會。他認為過去的工作方式比較幸福，相較之下現在的勞動比較不幸。在他四十七歲時出版的《過去與現在》中，揭示的並非當時工業革命帶來的機械化工作方式，而是中世紀富足的工作方式。

卡萊爾之所以提筆撰寫此書，跟他接連參訪

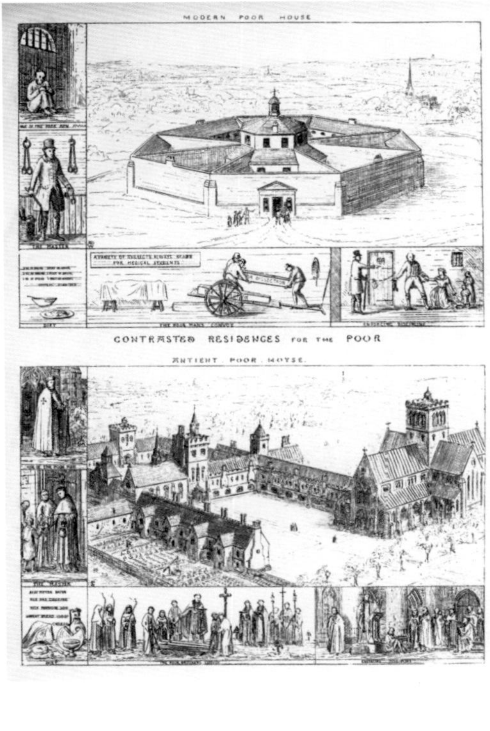

圖10－普金的《對比》書中的插圖。這幅畫描繪貧窮人的住處，上方是十九世紀、下方是十五世紀。十九世紀的濟貧院宛如監獄，只能吃到麵包和稀粥，死後屍體得供解剖用。另一方面十五世紀的窮人在修道院中培養宗教信仰，可以吃到牛肉、羊肉、培根、牛奶、麵包、乳酪，死後也會慎重下葬。

中世紀修道院以及當時的濟貧院有關。有一天，卡萊爾參訪了中世紀修道院的遺跡，他對於過去充滿慈悲情懷的職場深深感動。幾天後他拜訪了當時的濟貧院，親眼看到在貧困中掙扎著奮力工作的人的慘狀。這些經驗讓他開始比較過去與現在，並且提倡富足的勞動、而非受壓搾的勞動。

這本書出版的七年前，一八三六年時，建築師奧古斯塔斯・普金[20]也曾經出版過《對比》[21]一書。《對比》這本書中數度在同一頁面描繪十五世紀和十九世紀的相同設施（濟貧院、修道院、教會、市公所、用水系統、住宿設施、都市等），企圖從這些對比中顯示中世紀環境的優異（注3）。實際上，中世紀並非如普金所寫的只有好的一面，不過對那些在工業革命所帶來的惡劣環境下生活與勞動的人而言，《對比》確實是一本造成

20 譯者注：Augustus Welby Northmore Pugin，一八一二—一八五二。

21 譯者注：*Contrasts*。

圖11—布朗的《勞動》。畫中出現的勞工都各自以不同方法開心地工作。卡萊爾和莫里斯一臉滿足地在畫面右邊看著他們。實際上他們是受到布朗的邀請，擺姿勢來當這幅畫的模特兒。

了「將中世紀理想化」之契機的書（圖10）。

普金這位建築師以繪畫的方式表現了過去和現在，而卡萊爾則以文章來呈現，即一八四三年出版的《過去與現在》。跟前拉斐爾派有交流，也曾參加過莫里斯商會活動的畫家福特·布朗[22]讀了卡萊爾的《過去與現在》，了解到中世紀的富足勞動方式，於是布朗畫下了《勞動》[23]這幅畫作。畫中描繪的是各種勤於勞動的男女眾生，卡萊爾和弗雷列克·丹尼森·莫里斯[24]則站在畫面右邊滿足地看著眾人的勞動（圖11）。

莫里斯是後來提倡基督教社會主義的神學家，一八五四年他在倫敦設立了勞工大學。奧克塔維婭·希爾曾經在此大學任職，羅斯金和莫里斯也曾經在此講課（圖12）。

卡萊爾在《過去與現在》中提到他對勞動機械化和分工化的憂心。羅斯金和莫里斯承繼了他的觀點，而羅斯金和莫里斯視為典範的中世紀行會工作方式也是我設立社區設計事務所時，曾參考的工作方式。「工作方式」來到二十一世紀的日本，依然是重要課題。

卡萊爾發現當時的社會有著「富足中的貧困」的問題。他主張勞工生活貧困是因為貴族無能。他形容資本家是「深信人與人的關係都可以靠金錢交易而成立的拜金主義者」，批評資產家是「不工作而

圖12—弗雷列克·丹尼森·莫里斯（一八〇五－一八七二）在擔任劍橋大學教授同時，也在紅獅廣場設立了勞工大學。當時住在紅獅廣場的羅塞蒂和莫里斯等人也擔任過勞工大學的講師。另外，羅斯金也受莫里斯之邀來勞工大學講過課，回程拜訪了羅塞蒂和莫里斯家。

剝削房租和地租，自己成天狩獵玩耍的遊戲主義者」。不僅如此，他還認為繼續任由這些人控制社會將無法解決問題，必須要找到具備優異統治才能的管理者才行。

那麼這個人是誰呢？想必卡萊爾會回答，那就是英雄。他始終期待英雄出場，並且不斷告訴大家歷史上的英雄在想些什麼、又做了些什麼。

大致整理卡萊爾的貢獻，就是他結構性地掌握了社會問題、廣泛地傳達給社會大眾，並且以有趣的方式告訴大家歷史上的英雄如何解決當時的社會問題。他也呼籲年輕人應該活用這些知識展開行動。回應他的大聲疾呼的人，正是羅斯金、前拉斐爾派，以及莫里斯和希爾。

與羅斯金的交流

一八四八年，倫敦美術界出現了前拉斐爾派。這群年輕藝術家著眼於卡萊爾盛讚的中世紀，開始各自創作作品。這時卡萊爾五十二歲。

前拉斐爾派獲得藝術界認同，是因為當時的權威藝評家羅斯金讚美了他們的活動。前拉斐爾派這個集團的活動並沒有持續太久，不過透過他們的活動而相識的羅斯金和卡萊爾，兩人的關係

---

22 譯者注：Ford Madox Brown，一八二一－一八九三。
23 譯者注：*Work*。
24 譯者注：John Frederick Denison Maurice。
25 譯者注：*The Correspondence of Thomas Carlyle and John Ruskin*。

之後也長久發展下去。根據《湯瑪斯・卡萊爾與約翰・羅斯金書信集》[25]的內容，兩人的書信往來始於卡萊爾五十五歲，持續了大約三十年。

羅斯金認識卡萊爾時二十八歲。跟卡萊爾和歌德開始書信往返時的年齡差不多。如同歌德認識了年輕的卡萊爾，想必卡萊爾也很享受跟年輕羅斯金之間的往來吧。他一定也對羅斯金的未來懷抱著許多期待。

一八六二年羅斯金出版《給後來者言》時，也有人對於過去向來活躍於美術批評領域的羅斯金開始關注社會改革感到不以為然。「羅斯金最好停止半調子的經濟論，只要跟以前一樣評論藝術就好」——儘管報紙上出現了這類批評，卡萊爾還是給予極高評價：「這部著作已經到達柏拉圖的境界，對我們極珍貴且有益。」這一定給年輕的羅斯金帶來很大的勇氣。

卡萊爾跟羅斯金很像，兩人都具備神經質的性格。卡萊爾苦於胃痛和失眠，羅斯金則是有神經衰弱症和憂鬱症。在婚姻生活中，據說兩人都有性功能障礙的問題。

羅斯金漸漸將處境類似的卡萊爾視為自己的第二位父親。特別是一八六四年自己的父親過世後，羅斯金不再像以前那樣署名為

圖13—studio-L每年都會舉辦所有員工齊聚一處的合宿活動。大家在此發表一年來參與的專案，報告自己深受影響的案例，討論身為社區設計師該有的心態。

「你的弟子羅斯金」，開始寫上「你的兒子羅斯金」。

觀察歌德、卡萊爾、羅斯金這三個人的關係，我不禁開始思考有一個年齡三十歲左右的弟子之意義。參與大學教育固然深具意義，可是教育那些大學畢業後具備一定的社會經驗的人也很重要。他們會根據在社會中的歷練，知道如何發掘問題，可能也有過遭受無心批判因而受傷的的經驗；跟他們共享這些人生經歷，並且針對他們想做的事情給予正確評價、讓他們找到在社會上的定位，才是身為他們人生前輩該做的事。

從這一點來，我們除了在大學社區設計系培養二十歲左右的年輕人，同時在studio-L裡也得下一番苦心來培養三十歲左右的後進才行（圖13）。另外除了studio-L的員工，假如有機會跟三十歲左右、正在從事值得尊敬的工作的年輕人，我也希望能夠給他們的活動恰當的評價，建立起彼此給予良性激勵的關係。我相信這一定可以為對方的人生帶來極大的喜悅。

圖14—喬治．艾略特（一八一九～一八八〇）。跟羅斯金同年出生的女性作家。以男性姓名作為筆名撰寫小說。著名作品有《米德爾馬契》[26]、《織工馬南傳》[27]等。筆名喬治據說是借用了情人雷威斯的名字。

26 譯者注：*Middlemarch*。
27 譯者注：*Silas Marner*。

晚年的卡萊爾

一八五五年，以男性名字活躍於英國文壇的女作家喬治・艾略特[28]發表了論文《湯瑪斯・卡萊爾》[29]（圖14）。她在論文開頭寫到關於「教育目的」和「有影響力的作家」等想法。她認為教育的目的不是教導「結果」應該是什麼，而是激發容易「取得結果」的那種幹勁，令人產生想從事有意義活動的心情。同樣地，最有影響力的作家也不是提出重大發現或結論的人；而是要扮演能讓人有動機去展開行動、找出發現或結論的人。艾略特說，從這個角度看來，再也沒有比卡萊爾更具影響力的作家了。她認為幾乎沒有同代的文學家看了卡萊爾著作後不修正自己想法的。

這在社區設計現場也非常重要。為了讓人們具體展開活動，我們一直在思考該提供什麼樣的資訊、該說出什麼樣的話、該讓對方有什麼樣的體驗。我們並不直接把解決方法告訴地方上的人，而是希望他們自己找出展開活動的契機。這就是社區設計的工作。「面對飢餓的人，給他一條魚不如教他如何釣魚」——這是一句經常有人引用的美國原住民諺語。除此之外，「醞釀想知道捕魚方法的心

圖15—標示赤爾夕卡萊爾宅邸的指示牌。可以看出是由國家名勝古蹟信託來管理。羅斯金和莫里斯受到卡萊爾的影響；而希爾又受到這兩人的影響，參與了國家名勝古蹟信託的設立。因此，由這個機構來管理卡萊爾宅邸可說十分理所當然。

情」，也是我們的工作。

據說喬治．艾略特的情人作家喬治．亨利．雷威斯[30]，也受到卡萊爾的影響，開始對德文和歌德產生興趣。他在艾略特發表《湯瑪斯卡萊爾》這一年出版了《歌德傳》[31]，在謝辭中讚揚卡萊爾，但其文章卻跟卡萊爾的文體相當類似。關於這一點，卡萊爾的朋友彌爾先提到自己過去也曾經模仿過卡萊爾的文體，然後建議雷威斯「卡萊爾的衣服應該還給卡萊爾」。這些批評也令人想起卡萊爾的《衣裝哲學》。

一八六六年，七十歲的卡萊爾在母校愛丁堡大學的投票遴選中，獲選為名譽校長。他為了這場紀念演講前往愛丁堡出差的路途中，妻子珍在倫敦過世。一八七三年好友彌爾也過世。一八八一年，八十五歲高齡的卡萊爾結束了他的一生。

卡萊爾死後，埃克爾費亨的老家和赤爾夕的房子都由奧克塔維婭．希爾等人所設立的國家名勝古蹟信託管理，對一般大眾開放（圖15）。

28譯者注：George Eliot。本名Mary Anne Evans。
29譯者注：*Thomas Carlyle*。
30譯者注：George Henry Lewes，一八一七－一八七八。
31譯者注：*Life of Goethe*。

置換到現代

卡萊爾等人活躍於十九世紀初期，跟現在的日本無法單純地做比較。可是在工業革命開啟了未來可能性的時代中，有一群人關注到隨著時代出現的社會問題，這就給了我們無比的勇氣。

現在的日本經歷了資訊革命、新技術不斷登場。以往有價的東西變成無價。大量數據顯示了新價值。分隔兩地的人可以透過影像溝通；手錶、眼鏡，甚至空氣都可以顯示資訊。運用這些新技術或許可以讓生活更加富足。接下來又會有什麼新服務出現呢？我想這應該跟十九世紀初期的人心情很類似吧。

可是在這種現象的背後，也出現了貧富差距擴大的問題。貧困者人數的占比漸漸升高；生活上需要照護的高齡者比率也提高了。不希望被知道的資訊也能藉由巧妙的手法隱藏。人與人的連結漸漸淡薄，孤獨死的人愈來愈多。地區的問題大家都放手交給政府，但是擔負責任的政府卻無法爭取到實現的預算。

正因為如此，我們才需要社區設計。我們必須展開由地區居民合力解決問題的活動，必須讓更多「陳情提出需求型」的居民轉換為「提案並付諸實行型」的市民。這樣的想法可能有人認為太過認真，「必須」這兩個字也可能有人覺得太強烈。對於那些為資訊革命後、充滿新鮮刺激的時代懷抱夢想的人而言，我們標榜社區設計的活動可能非常礙眼。但我們在心裡都抱持著卡萊爾的人生態度。

在工業革命時期那樣充滿新鮮刺激的時代中，卡萊爾等人板著臉點出社會上的諸多弊病，不斷研究該如何因應，我想同時代一定也有很多人對他們敬而遠之。他們肯定科學奪走宗教力量以前的那一個時代、人們憑藉對宗教的虔敬合力互助的時代——也就是中世紀，並思考該如何讓當時的生活品質適用於現代，如何克服分工這種工作方式，找出勞動的樂趣。

思考這些問題點的維多利亞時期賢者們，一定都跟談論「擁有許多金錢和物質不見得代表真正富足」、「人們應該如何合作解決地區問題」、「該如何把江戶時代的『結』和『講』[32]組織改造為現代模式」的社區設計師一樣，被周遭人認定是懷古主義者、社會主義者。

儘管如此，卡萊爾還是繼續暢論；羅斯金在論述的同時也一邊實踐；莫里斯和湯恩比、希爾，以及霍華德更進一步發展前人的實踐。周圍一定有不少雜音出現，但他們並沒有放棄。正因為如此，活在現代的我們才能從這些人的人生和工作方式中獲得勇氣。

再次回到印尼

雖然旁人再三提醒，但我忽略了飲料裡的冰塊。印尼商店裡的果汁放的冰塊，是直接用水龍頭的水結凍做成的。我現在正苦於激烈的腹痛和下痢。醫生說應該是病毒性腸胃炎。我忍受著強烈腹痛書寫這份原稿，想起了卡萊爾畢生也都忍耐著胃痛的折磨。他應該也是一面忍受這份痛苦，一面不斷寫下文字吧。一想到這裡，就覺得這樣的腹痛我應該還可以忍受。

32 譯者注：民間的結社互助單位。

印尼真是個在都市環境和腹痛都讓我有十足臨場感的國家。但真是好痛啊。

注：

1 我接受國際交流基金的委託，從二〇一五年三月二十二日到二十八日造訪印尼，在雅加達的希望之光大學[33]、棉蘭的北蘇門答臘大學[34]、泗水的泗水理工大學[35]三地舉辦工作坊。

2 此時的演講後來整理成書——《給後世的珍貴遺物》。其中提到了卡萊爾——首先提到：「整體來說我非常尊敬卡萊爾這個人」，然後針對卡萊爾重寫《法國革命》一事有很高評價。內村在箱根演講時，時年三十三歲。

3 普金是英國國會大樓實際上的的設計師，但是當時他的設計未獲肯定。反而是因為出版《對比》這本著作才成為知名建築師。後來的羅斯金曾經批評普金的《對比》「太過美化中世紀的宗教」。

33 譯者注：University of Pelita Harapan。

34 譯者注：University of North Sumatra。

35 譯者注：Sepuluh Nopember Institute of Technology。

結語

促使我執筆寫作本書的緣起，是二〇一三年在紀伊國屋書店講堂跟國分功一郎先生的對談。當時國分先生在談到跟我的共通點時提到了威廉・莫里斯。在那之前我很少提到自己受到何種思想的影響，這一天在國分先生的巧妙誘導下，我提起了莫里斯、羅斯金、歐文、傅立葉。平常我比較常跟大家聊捕漁大叔或者旅館的奶奶這類話題，幾乎沒說過莫里斯或羅斯金的話題。但是跟國分先生聊著聊著，我再次確認自己受到許多書籍的影響。

對談結束時，從觀眾席前來跟我交換名片的其中一位，就是太田出版的編輯柴山浩紀先生，他問：「要不要在雜誌上開個連載，談談對山崎先生帶來過影響的人？」在他的邀請下，我結束對談後再一次動念——「應該重新讀讀羅斯金和莫里斯」。很快地，我開始在太田出版的《at PLUS》這本季刊上寫作連載文章。本書的骨幹便是這系列的連載內容。不過書中增加了許多連載時因為頁數限制未能刊登的圖片。

二〇一三年到二〇一五年，我回顧英國維多利亞時代先人的言行，整理出他們對社區設計工作帶來的影響，不由得開始想親自到當地去踏查他們的足跡。於是在二〇一五年五月，我帶著studio-L的幾位領導來了趟縱貫英國之旅。我們在格拉斯哥租了兩輛車，跟員工一起驅車南下尋訪各地。這趟旅行為期兩週，最後目的地是倫敦。當時的記錄也刊載在《BIOCITY》這本雜誌的六十四期中。本書的專欄內容有許多都是根據當時的原稿所組成。不過〈從新拉奈克到羅岱爾〉這篇專欄則是這次為本書另外撰寫的。

重新效法活躍於十九世紀的英國先人的人生之後，我也開始調查活躍於二十世紀美國的人物。我對於在本書中也稍微提及的拉爾夫·沃爾多·愛默生、弗雷列克·勞·歐姆斯德、法蘭克·洛伊·萊特、珍·亞當斯等人開始感到好奇。假如有機會，也希望能整理成另一本專寫美國先人事蹟的「美國篇」。

最後我要感謝本書責任編輯柴山浩紀先生，以及爽快答允轉載專欄內容的《BIOCITY》藤元由記子主編、協助整理插圖和英文的studio-L夥伴，尤其是出野紀子、戀水康俊、藤山綾子三位。另外也要感謝帶來本書寫作契機的國分功一郎先生。我們在南下英國的旅途終點倫敦見到了在當地做研究的國分先生，很高興有機會向他報告這趟縱貫之旅的見聞收穫。同時我也要感謝參考文獻中所有書籍的作者及譯者。查找文獻時我數次感嘆：「寫得真好！」正因為受到向各位介紹的偉人的人生鼓舞，我才能繼續在社區設計的現場努力堅持。

假如本書同樣能給各位的人生帶來些許助益，身為羅斯金「There is no wealth but Life.」這句話的共鳴者，我也深感榮幸。

二〇一六年三月，於佐賀縣古湯溫泉

山崎亮

参考書目

第一章　師父　約翰・羅斯金

・井伊玄太郎『ラスキンの文明論』雄松堂出版、一九九七年
・池上惇『生活の芸術化――ラスキン、モリスと現代』丸善、一九九三年
・伊藤邦武『経済学の哲学――19世紀経済思想とラスキン』中央公論新社、二〇一一年
・宇井丑之助『ジョン・ラスキンの人と思想』東峰書房、一九六五年
・アンドレ・エラール（秋山康男ほか訳）『ジョン・ラスキンと地の大聖堂』慶應義塾大学出版会、二〇一〇年
・大熊信行『社会思想家としてのラスキンとモリス』論創社、二〇〇四年
・荻野昌利『歴史を〈読む〉――ヴィクトリア朝の思想と文化』英宝社、二〇〇五年
・川勝平太『富国有徳論』中央公論新社、二〇〇〇年
・川端康雄『葉蘭をめぐる冒険――イギリス文化・文学論』みすず書房、二〇一三年
・スザンヌ・フェイジェンス・クーパー『エフィー・グレイ』安達まみ訳、岩波書店、二〇一五年
・ジェイムズ・S・ディアダン『ラスキンの多面体』高橋昭子ほか訳、野に咲くオリーブの会、二〇〇一年
・ジョイ・A・パルマー編『環境の思想家たち（上）――古代―近代編』須藤自由児訳、みすず書房、二〇〇四年
・藤田治彦編『芸術と福祉――アーティストとしての人間』大阪大学出版会、二〇〇九年
・クエンティン・ベル『ラスキン』出淵敬子訳、晶文社、一九八九年
・ジョン・ラスキン『この最後の者にも　ごまとゆり』飯塚一郎ほか訳、中央公論新社、二〇〇八年
・ジョン・ラスキン『ヴェネツィアの石――建築・装飾とゴシック精神』内藤史朗訳、法藏館、二〇〇六年
・ジョン・ラスキン『芸術教育論』内藤史朗訳、明治図書、一九六九年
・ジョン・ラスキン『芸術の真実と教育――近代画家論・原理編Ⅰ』内藤史朗訳、法藏館、二〇〇三年
・ジョン・ラスキン『構想力の芸術思想――近代画家論・原理編Ⅱ』内藤史朗訳、法藏館、二〇〇三年
・ジョン・ラスキン『風景の思想とモラル――近代画家論・風景編』内藤史朗訳、法藏館、二〇〇二年
・ジョン・ラスキン『ゴシックの本質』川端康雄訳、みすず書房、二〇一一年
・ジョン・ラスキン『建築の七燈』杉山真紀子訳、鹿島出版会、一九九七年
・ジョン・ラスキン『黄金の川の王さま』富山太佳夫ほか編、青土社、一九九九年
・ジョン・ラスキン『芸術経済論――永遠の歓喜とその市場価格』西本正美訳、岩波書店、一九二七年
・ジョージ・P・ランドウ『ラスキン――眼差しの哲学者』横山千晶訳、日本経済評論社、二〇一〇年
・ミッシェル・ロヴリックほか『ヴェネツィアの薔薇・ラスキンの愛の物語』富士川義之訳、集英社、二〇〇二年
・展覧会図録『ターナー展』朝日新聞社、二〇一三年
・Christopher Newall "John Ruskin: Artist and Observer", Paul Holberton Publishing, 2014
・James Dearden "Brantwood:The Story of John Ruskin's Coniston Home", The Ruskin Foundation, 2009
・James Dearden "John Ruskin: A Life in Pictures", Sheffield Academic Press, 1999
・Janet Barnes "Ruskin in Sheffield", Museums Sheffield, 2011

専欄1　從羅斯金的晩年學習

・ジェイムズ・ディアダン『ラスキンの多面体』高橋昭子ほか訳、野に咲くオリーブの会、二〇〇一年
・James Dearden "Brantwood:The Story of John Ruskin's Coniston Home", The Ruskin Foundation, 2009
・James Dearden "John Ruskin: A Life in Pictures"Sheffield Academic Press, 1999

第二章　大師兄 威廉・莫里斯

・アーツ・アンド・クラフツ出版委員会『モリスが先導したアーツ・アンド・クラフツ――イギリス・アメリカ』梧桐書院、二〇〇八年
・ウィリアム・モリス出版委員会『ウィリアム・モリス』梧桐書院、二〇〇五年
・スティーヴン・アダムス『アーツアンドクラフツ――ウィリアム・モリス以後の工芸美術』野中邦子訳、美術出版社、一九八九年
・荒川裕子ほか『デート美術館の至宝ラファエル前派展――英国ヴィクトリア朝絵画の夢』朝日新聞社、二〇一四年
・池上惇『生活の芸術化――ラスキン、モリスと現代』丸善、一九九三年
・内山武夫ほか『モダンデザインの父――ウィリアム・モリス』ＮＨＫ大阪放送局、一九九七年
・大内秀明『ウィリアム・モリスのマルクス主義――アーツ&クラフツ運動を支えた思想』平凡社、二〇一二年
・岡田隆彦『ラファエル前派――美しき〈宿命の女〉たち』美術公論社、一九八四年
・小野二郎『ウィリアム・モリス研究』晶文社、一九八六年
・小野二郎『ウィリアム・モリス――ラディカル・デザインの思想』中央公論社、一九九二年
・小野二郎ほか『ウィリアム・モリス通信』みすず書房、二〇一二年
・ローランス・デ・カール『ラファエル前派――ヴィクトリア時代の幻視者たち』村上直子訳、創元社、二〇〇一年
・片木篤『アーツ・アンド・クラフツの建築』鹿島出版会、二〇〇六年
・川端康雄『葉蘭をめぐる冒険――イギリス文化・文学論』みすず書房、二〇一三年
・木村竜太『空想と科学の横断としてのユートピア――ウィリアム・モリスの思想』晃洋書房、二〇〇八年
・京都国立近代美術館ほか『生活と芸術――アーツアンドクラフツ展：ウィリアム・モリスから民芸まで』朝日新聞社、二〇〇八年
・齋藤公江『モリスの愛した村――イギリス・コッツウォルズ紀行』晶文社、二〇〇五年
・鈴木博之『建築家たちのヴィクトリア朝――ゴシック復興の世紀』平凡社、一九九一年
・ジリアン・ネイラー『アーツ・アンド・クラフツ運動』川端康雄ほか訳、みすず書房、二〇一三年
・ジル・ハミルトンほか『ウィリアム・モリスの庭――デザインされた自然への愛』鶴田静訳、東洋書林、二〇〇二年
・平松洋『ラファエル前派の世界』ＫＡＤＯＫＡＷＡ、二〇一三年
・藤田治彦『ウィリアム・モリス――近代デザインの原点』鹿島出版会、一九九六年
・藤田治彦『ウィリアム・モリスへの旅』淡交社、一九九六年
・藤田治彦編『芸術と福祉――アーティストとしての人間』大阪大学出版会、二〇〇九年
・ダーリング・ブルースほか『図説ウィリアム・モリス――ヴィクトリア朝を越えた巨人』河出書房新社、二〇〇八年
・フィリップ・ヘンダースン『ウィリアム・モリス伝』川端康雄ほか訳、晶文社、一九九〇年
・クリスチーン・ポールソン『ウィリアム・モリス――アーツ・アンド・クラ

フツ運動創始者の全記録』小野悦子訳、美術出版社、一九九二年
・松浦暢『宿命の女——愛と美のイメジャリー』平凡社、一九八七年
・宮澤賢治「農民芸術概論綱要」『宮澤賢治作品選』信山社、二〇〇〇年
・ウィリアム・モリスほか『社会主義——その成長と帰結』大内秀明監修、晶文社、二〇一四年
・ウィリアム・モリス『民衆の藝術』中橋一夫訳、岩波書店、一九五三年
・ウィリアム・モリス『ユートピアだより』松村達雄訳、岩波書店、一九六八年
・フランク・ロイド・ライト「機械の芸術性と工芸性」『建築の理念』谷川正己ほか訳、A.D.A. EDITA Tokyo Co.,Ltd、一九七六年
・山本正三『ウィリアム・モリスのこと』相模書房、一九八〇年
・Fiona MacCarthy "William Morris: The Definitive Morris biography of our times.", Faber and Faber, 1988
・Fiona MacCarthy "Anarchy and Beauty: William Morris and His Legacy, 1860-1960", National Portrait Gallery Publications, 2014
・William Morris "William Morris: Words & Wisdom", National Portrait Gallery, 2014
・Pamela Todd "Arts and Crafts Companion", Bulfinch, 2004

專欄2　艾斯比致力於融合

・スティーヴン・アダムス『アーツアンドクラフツ——ウィリアム・モリス以後の工芸美術』野中邦子訳、美術出版社、一九八九年
・塩路有子『英国カントリーサイドの民族誌——イングリッシュネスの創造と文化遺産』明石書店、二〇〇三年
・菅靖子『イギリスの社会とデザイン——モリスとモダニズムの政治学』彩流社、二〇〇五年
・鈴木博之『建築家たちのヴィクトリア朝——ゴシック復興の世紀』平凡社、一九九一年
・ジリアン・ネイラー『アーツ・アンド・クラフツ運動』川端康雄訳、みすず書房、二〇一三年
・ライオネル・ラバーン『ユートピアン・クラフツマン——イギリス工芸運動の人々』小野悦子訳、晶文社、一九八五年
・渡邉研司『ロンドン都市と建築の歴史』河出書房新社、二〇〇九年
・Alan Crawford "C. R. Ashbee : Architect, Designer & Romantic Socialist" Yale University Press, 1985
・Fiona MacCarthy "The Simple Life : C. R. Ashbee in the Cotswolds" Faber and Faber, 2009

第三章　使徒　阿諾爾得・湯恩比

・市瀬幸平『イギリス社会福祉運動史——ボランティア活動の源流』川島書店、二〇〇四年
・岡村東洋光ほか『英国福祉ボランタリズムの起源——資本・コミュニティ・国家』ミネルヴァ書房、二〇一二年
・金子光一『社会福祉のあゆみ——社会福祉思想の軌跡』有斐閣、二〇〇五年
・小松芳喬『英国産業革命史』一條書店、一九五二年
・杉本敏夫ほか『改訂 コミュニティワーク入門』中央法規出版、二〇〇三年
・藤田治彦『ウィリアム・モリス——近代デザインの原点』ＳＤ選書、一九九六年
・藤田治彦編『芸術と福祉——アーティストとしての人間』大阪大学出版会、二〇〇九年
・高島進『アーノルド・トインビー』大空社、一九九八年
・デザイン史フォーラム編『近代工芸運動とデザイン史』思文閣出版、二〇〇八年
・デザイン史フォーラム編『アーツ・アンド・クラフツと日本』思文閣出版、

二〇〇四年
・朴光駿『社会福祉の思想と歴史──魔女裁判から福祉国家の選択まで』ミネルヴァ書房、二〇〇四年
・クエンティン・ベル『ラスキン』出淵敬子訳、晶文社、一九八九年
・アーノルド・トインビー『英国産業革命史』塚谷晃弘ほか訳、邦光堂、一九五一年
・アーノルド・J・トインビー『交遊録』長谷川松治訳、社会思想社、一九七〇年
・平野隆之ほか編『コミュニティとソーシャルワーク　新版──地域福祉論』有斐閣、二〇〇八年
・松永俊文ほか『新版 現代コミュニティワーク論──21世紀、地域福祉をともに創る』中央法規出版、二〇〇二年
・室田保夫『人物でよむ西洋社会福祉のあゆみ』ミネルヴァ書房、二〇一三年
・吉沢五郎『トインビー』清水書院、一九八二年
・吉田久一ほか『社会福祉思想史入門』勁草書房、二〇〇〇年
・ライオネル・ラバーン『ユートピアン・クラフツマン──イギリス工芸運動の人々』小野悦子訳、晶文社、一九八五年
・Asa Briggs and Anne Macartney “Toynbee Hall: The First Hundred Years”, Routledge & Kegan Paul, 1984
・Peter Higginbotham “Life in a Victorian Workhouse”, Pitkin Unichrome 2011
・Fiona MacCarthy “Anarchy and Beauty”Yale University Press, 2014
・The Whitechapel Art Gallery “The Whitechapel Art Gallery Centenary Review”, Cornerhouse Publications, 2001
・Katrina Schwarz “Rises in the East: A Gallery in Whitechapel”, Whitechapel Art Gallery, 2009

専欄3　堅強的女性亨莉塔

・市瀬幸平『イギリス社会福祉運動史──ボランティア活動の源流』川島書店、二〇〇四年
・片木篤『イギリスの郊外住宅──中産階級のユートピア』住まいの図書館出版局、一九八七年
・高島進『アーノルド・トインビー』大空社、一九九八年
・西山康雄『アンウィンの住宅地計画を読む──成熟社会の住環境を求めて』彰国社、一九九二年
・藤田治彦編『芸術と福祉──アーティストとしての人間』大阪大学出版会、二〇〇九年
・室田保夫編著『人物で読む西洋社会福祉の歩み』ミネルヴァ書房、二〇一三年
・渡邊研司『図解ロンドン都市と建築の歴史』河出書房新社、二〇〇九年
・Asa Briggs and Anne Macartney “Toynbee Hall: The First Hundred Years”, Routledge & Kegan Paul. 1984
・Micky Watkins “Henrietta Barnett: Social Worker and Community Planner”, Micky Watkins and Hampstead Garden Suburb Archive Trust, 2011
・Mervyn Miller “Hampstead Garden Suburb”, The Chalford Publishing Company 1995
・Mervyn Miller “Hampstead Garden Suburb: Arts and Crafts Utopia?”, Phillimore. 1992
・Kathleen M. Slack “Henrietta‐s Dream: A Chronicle of the Hampstead Garden Suburb-Varieties and Virtues”, Hampstead Garden Suburb Archive Trust, 1997
・Robert A. M. Stern “Paradise Planned: The Garden Suburb and the Modern City”, The Monacelli Press, 2013

第四章　師姐　奧克塔維婭・希爾

・木村美里「心の琴線に触れる美しい環境への一考察――オクタヴィア・ヒルとカール協会」『比較文化研究(九五)』日本比較文化学会、二〇一一年
・木村美里「オクタヴィア・ヒルにおける思想的影響　サウスウッド・スミスをめぐって」『聖学院大学総合研究所Newsletter　21(5)』聖学院大学総合研究所、二〇一二年
・木村美里「英国ナショナル・トラスト創設者の思想と活動――オクタヴィア・ヒルと英国ナショナル・トラストの関係をめぐって」『比較文化研究(一〇七)』日本比較文化学会、二〇一三年
・竹多亮子「イギリス ヴィクトリア朝時代における環境保護運動についての考察　オクタヴィア・ヒルとウィリアム・モリスの場合」『現代と文化　日本福祉大学研究紀要(一一二)』日本福祉大学社会開発研究所、二〇〇五年
・中島明子「オクタヴィア・ヒルと現代」『和洋女子大学紀要　家政系編四二』和洋女子大学、二〇〇二年
・中島直子『オクタヴィア・ヒルのオープン・スペース運動――その思想と活動』古今書院、二〇〇五年
・成清敦子「地域福祉の思想シリーズ(一三)オクタヴィア・ヒルのソーシャルワーク実践　都市居住問題への取り組み」『地域福祉研究(三三)』日本生命済生会、二〇〇五年
・E・モバリー・ベル『英国住宅物語　ナショナルトラストの創始者オクタヴィア・ヒル伝』平弘明ほか訳、日本経済評論社、二〇〇一年
・松平千佳「オクタヴィア・ヒルとジョン・ラスキン」『キリスト教社会福祉学研究(三八)』日本キリスト教社会福祉学会、二〇〇五年
・Peter Clayton "Octavia Hill: Social Former and Founder of the National Trust", Francis Boutle Publishers,2010
・Gillian Darley "Octavia Hill: A Life", Constable, 1990
・Peter Higginbotham "Life in a Victorian Workhouse", Pitkin Unichrome, 2011
・Tijen Zahide Horoz "Henrietta Barnett: Co-founder of Toynbee Hall, teacher, philanthropist and social reformer", Toynbee Hall, 2014
・Mervyn Miller "Hampstead Garden Suburb: Arts and Crafts Utopia?", Phillimore, 1992
・Michael St. John Parker "Life in Victorian Britain", Pitkin Guides, 1999
・Kathleen M. Slack "Henrietta‐s Dream", Hampstead Garden Suburb Archive Trust, 1997
・Micky Watkins "Henrietta Barnett: Social Worker and Community Planner", Micky WatkinsHampstead Garden Suburb Archive Trust, 2011
・Brenda Williams "Victorian Britain", Pitkin Unichrome, 2001

第五章　發明家　埃比尼澤・霍華德

・相田武文＋土屋和男『都市デザインの系譜』SD選書、一九九六年
・東秀紀『漱石の倫敦、ハワードのロンドン――田園都市への誘い』中公新書、一九九一年
・東秀紀ほか『「明日の田園都市」への誘い――ハワードの構想に発したその歴史と未来』彰国社、二〇〇一年
・菊池威『田園都市を解く――レッチワースの行財政に学ぶ』技報堂出版、二〇〇四年
・佐々木宏『コミュニティ計画の系譜』SD選書、一九七一年
・デイヴィッド・スーデン『図説 ヴィクトリア時代 イギリスの田園生活誌』山森芳郎ほか訳、東洋書林、一九九七年
・ジョナサン・バーネット『都市デザイン――野望と誤算』兼田敏之訳、SD選書、二〇〇〇年
・エベネザー・ハワード『明日の田園都市』長素連訳、SD選書、一九六八

年
・日端康雄『都市計画の世界史』講談社現代新書、二〇〇八年
・西山八重子『イギリス田園都市の社会学』ミネルヴァ書房、二〇〇二年
・西山康雄『アンウィンの住宅地計画を読む——成熟社会の住環境を求めて』彰国社、一九九二年
・Albert Fein "Frederick Law Olmsted: and the American Environmental Tradition", George Braziller, 1972
・Mervyn Miller "Hampstead Garden Suburb: Arts and Crafts Utopia?", Phillimore, 1992
・Mervyn Miller "Letchworth: The First Garden City", Phillimore & Co.ltd, 1989
・Micky Watkins "Henrietta Barnett: Social Worker and Community Planner", Micky Watkins and Hampstead Garden Suburb Archive Trust, 2011

第六章 樂觀主義者 羅伯特・歐文

・ロバアト・オウエン『オウエン自叙伝』五島茂訳、岩波文庫、一九六一年
・オーエン『ラナーク州への報告』永井義雄ほか訳、未来社、一九七〇年
・ロバート・オーエン『性格形成論——社会についての新見解』斎藤新治訳、明治図書出版、一九七四年
・ロバート・オーエン『社会変革と教育』渡辺義晴訳、明治図書、一九六三年
・北出俊昭「協同組合の源流を考える(1) ロバート・オウエンと地域共同体」『文化連情報(412)』日本文化厚生農業協同組合連合会、二〇一二年
・グレゴリー・クレイズ「ロバート・オウエンの再生—後期ビクトリア時代(一八七〇—一九〇〇)のオウエン評価をめぐって」『ロバアト・オウエン協会年報(28)』結城剛志訳、ロバアト・オウエン協会、二〇〇三年
・五島茂+坂本慶一編『世界の名著42 オウエン サン・シモン フーリエ』中央公論社、一九八〇年
・白井厚「ロバート・オウエンのユートウピア序曲——ニュー・ラナークの施設・歴史と現状」『経済学編纂(34)』中央大学経済学研究会、一九九四年
・鈴木博之『建築家たちのヴィクトリア——ゴシック復興の世紀』平凡社、一九九一年
・永井義雄『ロバート・オーエン試論集——非政治的解放理論の構造』ミネルヴァ書房、一九七四年
・永井義雄『ロバアト・オウエンと近代社会主義』ミネルヴァ書房、一九九三年
・ニューラナーク保全財団『ニューラナーク物語』ニューラナークトラスト出版
・土方直史『協同思想の形成——前期オウエンの研究』中央大学出版部、一九九三年
・土方直史『ロバート・オウエン』研究社、二〇〇三年
・シドニー・ポラード+ジョン・ソルト編『ロバート・オウエン——貧民の予言者』根本久雄ほか訳、青弓社、一九八五年
・丸山武志『オウエンのユートピアと共生社会』ミネルヴァ書房、一九九九年
・マンフォード『ユートピアの思想史的省察』月森左知訳、新評論、一九九七年
・ルイス・マンフォード『新版ユートピアの系譜——理想の都市とは何か』関裕三郎訳、新泉社、二〇〇〇年
・宮瀬睦夫「ロバート・オウエンと二宮尊徳」『拓殖大学論集(48)』拓殖大学研究所、一九六五年
・ジル・ラプージュ『ユートピアと文明——輝く都市・虚無の都市』中村弓子ほか訳、紀伊國屋書店、一九八八年
・結城剛志「地域通貨とロバート・オウエンの労働貨幣の比較検討——

貨幣の発行根拠・方式を視軸として」『比較経済体制研究(11)』比較経済体制研究会、二〇〇四年
・若槻武行「協同組合の系譜(2) 労働者が自立の社会変革を追及——ロバート・オウエン」『共済と保険55』共済保険研究会、二〇一三年
・若槻武行「協同の理想とその地平(15) 産業革命期の実業家から社会主義者へ——ロバート・オウエンは国際協同組合運動の先駆者」『共済と保険50(6)』共済保険研究会、二〇〇八年
・Ian Donnachie “Robert Owen : Social Visionary” John Donald, 2005
・Lorna Davidson “Living in New Lanark” New Lanark Conservation Trust, 1995
・Robert Owen Museum “The Story of Robert Owen” A Souvenir Guide
・Rochdale Pioneers Museum “Our Story” Co-operative Heritage Trust

専欄4 從新拉奈克到羅伐爾

・阿部志郎ほか『賀川豊彦を知っていますか——人と信仰と思想』教文館、二〇〇九年
・Robert Owen Museum “The Story of Robert Owen” A Souvenir Guide
・Rochdale Pioneers Museum “Our Story” Co-operative Heritage Trust

第七章 賢者 湯瑪斯・卡萊爾

・足立幸男「トマス・カーライルの政治思想についての一考察——大衆社会批判を中心として」『法学論叢93(5)』京都大学法学会、一九七三年
・井上博嗣「トマス・カーライルにおける魂の遍歴——「永遠の否定」から「永遠の肯定」へ」『神戸海星女子学院大学・短期大学研究紀要(32)』神戸海星女子学院大学、一九九三年
・M・A・ウォード『カーライル、ラスキン、トルストイ』露木紀夫訳、ぱる出版、一九九九年
・内村鑑三『後世への最大遺物・デンマルク国の話』岩波文庫、二〇一一年
・荻野昌利『さまよえる旅人たち——英米文学に見る近代自我〈彷徨〉の軌跡』研究者出版、一九九六年
・荻野昌利『歴史を〈読む〉——ヴィクトリア朝の思想と文化』英宝社、二〇〇五年
・ゲーテ+カーライル『ゲーテ＝カーライル往復書簡』山崎八郎訳、岩波文庫、一九九七年
・アリス・チャンドラー『中世を夢みた人々——イギリス中世主義の系譜』高宮利行監訳、研究者出版、一九九四年
・夏目漱石「カーライル博物館」『学燈』丸善、一九〇五年
・エメリ・ネフ『カーライルとミル——ヴィクトリア朝思想研究序説』石上良平訳、一九六八年
・向井清『カーライルの人生と思想』大阪教育図書、二〇〇五年
・A・L・ルケーン『カーライル』樋口欣三訳、教文館、一九九五年
・山下重一「トーマス・カーライル」『社会思想研究8(3)』社会思想研究会、一九五六年
・Gillian Darley “Octavia Hill: A Life”, Constable London, 1990
・Brenda Williams “Victorian Britain”, Pitkin, 2005

圖片出處 ※除以下特別說明之圖片外，其他圖片均由作者與studio-L成員拍攝

第一章　師父　約翰・羅斯金

- 章名頁　James S. Dearden, "John Ruskin: A Life in Pictures" p81, Sheffield Academic Press, 1999
- 圖1　展覧会図録『ターナー展』九七頁、朝日新聞社、二〇一三年
- 圖2　"John Ruskin: Artist and Observer" p19, Paul Holberton Publishing, 2014
- 圖3　Ibid.
- 圖4　ジョン・ラスキン『ゴシックの本質』一頁、川端康雄訳、みすず書房、二〇一一年
- 圖5　"John Ruskin: Artist and Observer" p55, Paul Holberton Publishing, 2014

專欄1　從羅斯金的晚年學習

- 章名頁　James Dearden "John Ruskin: A Life in Pictures"p178, Sheffield Academic Press, 1999
- 圖3　Ibid., p191

第二章　大師兄　威廉・莫里斯

- 章名頁　Fiona MacCarthy "William Morris: The Definitive Morris biography of our times"figure 66, 1988, Faber and Faber
- 圖1　アーツ・アンド・クラフツ出版委員会『モリスが先導したアーツ・アンド・クラフツ――イギリス・アメリカ』三九頁、梧桐書院、二〇〇八年
- 圖2　Fiona MacCarthy "William Morris: The Definitive Morris biography of our times"figure 103, Faber and Faber, 1988
- 圖3　James S. Dearden "John Ruskin: A Life in Pictures"p64, Sheffield Academic Press, 1999
- 圖11　内山武夫ほか『モダンデザインの父――ウィリアム・モリス』一三五頁、ＮＨＫ大阪放送局、一九九七年
- 圖13　Fiona MacCarthy "Anarchy and Beauty" p65, National Portrait Gallery Publications, 2014

專欄2　艾斯比致力於融合

- 章名頁　Pamela Todd "The Arts and Crafts Companion"p35 ,Bulfinch, 2004
- 圖2　Alan Crawford "C.R.Ashbee: Architect, Designer & Romantic Socialist"p142, Yale University Press, 1985
- 圖3　Ibid., p336
- 圖4　Ibid., p85
- 圖6　Ibid., p114
- 圖7　Ibid., p134
- 圖8　Fiona MacCarthy "Anarchy and Beauty" p67,National Portrait Gallery Publications, 2014
- 圖9　Alan Crawford "C.R.Ashbee: Architect, Designer & Romantic Socialist"p139,Yale University Press, 1985

第三章　使徒　阿諾爾得・湯恩比

- 章名頁　Asa Briggs and Anne Macartney "Toynbee Hall: The First Hundred Years"p11, Routledge & Kegan Paul, 1984
- 圖1　Peter Higginbotham "Life in a Victorian Workhouse", Pitkin

Unichrome, 2011
・圖3 Fiona MacCarthy “Anarchy and Beauty”p91, National Portrait Gallery Publications, 2014
・圖12 Alan Crawford “C.R.Ashbee: Architect, Designer & Romantic Socialist”p9, Yale University Press, 1985
・圖13 Ibid., p87

第四章 師姐 奧克塔維婭・希爾

・章名頁 Ben Cowell “Sir Robert Hunter”p3, Pitkin Publishing, 2013
・圖2 Peter Clayton “Octavia Hill”p12, Pitkin Publishing, 2012
・圖7 Micky Watkins “Henrietta Barnett: Social Worker and Community Planner” p33, Micky Watkins and Hampstead Garden Suburb Archive Trust, 2011
・圖8 Tijen Zahide Horoz “Henrietta Barnett: Co-founder of Toynbee Hall, teacher, philanthropist and social reformer”, Toynbee Hall, 2014

專欄3 堅強的女性亨莉塔

・章名頁 Mervyn Miller “Hampstead Garden Suburb: Arts and Crafts Utopia?”, Phillimore, 1992
・圖1 Mervyn Miller “Hampstead Garden Suburb: Arts and Crafts Utopia?”p13, Phillimore, 1992
・圖2 Ibid., p16
・圖5 渡邉研司『ロンドン都市と建築の歴史』二八頁、河出書房新社、二〇〇九年
・圖9 Mervyn Miller “Hampstead Garden Suburb: Arts and Crafts Utopia?”p25, Phillimore, 1992
・圖15 Ibid., p118

第五章 發明家 埃比尼澤・霍華德

・章名頁 Mervyn Miller “Letchworth The First Garden City”p8, Phillimore & Co.ltd, 1989
・圖1 Albert Fein “Frederick Law Olmsted: and the American Environmental Tradition”, George Braziller, 1972
・圖2 Robert A. M. Stern “Paradise Planned: The Garden Suburb and the Modern City” p123, The Monacelli Press, 2013
・圖3 Ibid., p210
・圖4 Ibid., p211
・圖6 Ibid., p211
・圖7 大川勝敏『新都市』一頁、財団法人都市計画協会、二〇〇一年
・圖8 同、二頁
・圖9 Fiona MacCarthy “Anarchy and Beauty”p82, National Portrait Gallery Publications, 2014
・圖10 Ibid., p83
・圖13 Mervyn Miller “Letchworth: The First Garden City”p91, Phillimore & Co.ltd, 1989
・圖15 Robert A. M. Stern “Paradise Planned: The Garden Suburb and the Modern City”p219, The Monacelli Press, 2013,

第六章 樂觀主義者 羅伯特・歐文

・章名頁 ウィキペディア(https://en.wikipedia.org/wiki/Robert_Owen)
・圖1 ウィキペディア(https://en.wikipedia.org/wiki/David_Dale)
・圖5 ニューラナーク保全財団『ニューラナーク物語』一六頁、ニューラ

ナークトラスト出版
- 圖10 Robert Owen Museum "The Story of Robert Owen"p9, A Souvenir Guide
- 圖11 Rochdale Pioneers Museum "Our Story"p1, Co-operative Heritage Trust, 2012
- 圖14 Robert Owen Museum "The Story of Robert Owen"p14, A Souvenir Guide

專欄4 從新拉奈克到羅伐爾

- 章名頁 Ian Donnachie "Robert Owen : Social Visionary" John Donald, 2005
- 圖6 Robert Owen Museum "The Story of Robert Owen"p29, A Souvenir Guide
- 圖14 Rochdale Pioneers Museum "Our Story"p6, Co-operative Heritage Trust
- 圖16 Ibid., p30
- 圖17 阿部志郎ほか『賀川豊彦を知っていますか——人と信仰と思想』教文館、二〇〇九年

第七章 賢者 湯瑪斯・卡萊爾

- 章名頁 National Trust "Carlyle‐ s House" A Souvenir Guide
- 圖10 Augustus Welby Northmore Pugin "Contrasts: or a parallel between the noble edifices of the middle ages, and corresponding buildings of the present day; shewing the present decay of taste. Accompanied by appropriate text"p103, https://archive.org/details/contrastsorparal00pugi, 1898
- 圖11 John A. Walker "Work: Ford Madox Brown‐ s Painting and Victorian Life"p42, Francis Boutle Publishers, 2006
- 圖12 Gillian Darley "Octavia Hill: A Life" p128,Constable London, 1990
- 圖14 Brenda Williams "Victorian Britain"p57, Pitkin Unichrome, 2001